重传承 共分享

——高速公路建设品质提升臻选案例集

山东高速基础设施建设有限公司 ○ 著

人民交通出版社

北京

内 容 提 要

本书共收录山东高速集团在路基工程、路面工程、桥涵工程、隧道工程、附属工程、两区三场、改扩建交通组织、安全环保及文明施工、质量安全信息化应用九方面、226项经验做法，旨在传承和积累项目建设过程中的管理亮点及典型做法，积极推进平安百年品质工程建设、平安工地示范建设、绿色环保示范建设，努力打造样板工程、标杆工程，以充分发挥示范工程的引领和带动作用，逐步推广成熟和先进经验。

本书可作为高速公路建设管理、施工技术人员的参考书。

图书在版编目（CIP）数据

重传承　共分享：高速公路建设品质提升臻选案例集 / 山东高速基础设施建设有限公司著 . — 北京：人民交通出版社股份有限公司，2024.12. — ISBN 978-7-114-20073-1

Ⅰ．U412.36

中国国家版本馆CIP数据核字第2024FP7208号

ZHONG CHUANCHENG GONG FENXIANG——
GAOSU GONGLU JIANSHE PINZHI TISHENG ZHENXUAN ANLIJI

书　　名：	重传承　共分享——高速公路建设品质提升臻选案例集
著 作 者：	山东高速基础设施建设有限公司
责任编辑：	朱明周
责任校对：	卢　弦
责任印制：	刘高彤
出版发行：	人民交通出版社
地　　址：	（100011）北京市朝阳区安定门外外馆斜街3号
网　　址：	http://www.ccpcl.com.cn
销售电话：	（010）85285857
总 经 销：	人民交通出版社发行部
经　　销：	各地新华书店
印　　刷：	北京市密东印刷有限公司
开　　本：	720×980　1/16
印　　张：	16
字　　数：	214千
版　　次：	2024年12月　第1版
印　　次：	2024年12月　第1次印刷
书　　号：	ISBN 978-7-114-20073-1
定　　价：	89.00元

（有印刷、装订质量问题的图书，由本社负责调换）

编审委员会

(排名不分先后)

主 任 委 员：薛志超　刘乐民　韩萧蔓
副主任委员：杜荣杰　曾春霞　李剑峰　许建涛　高立勇　刘立刚
　　　　　　荆强强　王鹏程　王同福　谢国木　郭光明　王爱涛
　　　　　　李怀剑　李玉成　董　滨
委　　　员：丁喜茂　王清明　王富林　王永康　任晓刚　刘国山
　　　　　　许崇喜　朱世超　李洪峰　安丰春　杜　建　张远荣
　　　　　　张义栋　初金章　高有湖　栾兆学　夏建平　常发岗
　　　　　　程俊伟　满新杰

编写委员会

主　　　编：张田涛
副 主 编：商淑杰　郑广顺　于　浩
编写人员：丁　猛　王　凯　李心秋　张　晓　李月祥　姚建成
　　　　　盛兆燕　姜维亮　邓建营　王南宁　赵　磊　赵　伟
　　　　　徐长靖

前 言
PREFACE

  为践行"创新、协调、绿色、开放、共享"的新发展理念，持续推进"平安百年品质工程"建设，山东高速基础设施建设有限公司在近几年的项目管理中积极推行标准化施工工艺，打造工程亮点，涌现了一大批工程建设经验做法。为更好地推广先进经验，我们编制了《重传承　共分享——高速公路建设品质提升臻选案例集》。

  本案例集旨在传承和积累项目建设过程中的管理亮点及典型做法，积极推进平安百年品质工程建设、平安工地示范建设、绿色环保示范建设，努力打造样板工程、标杆工程，以充分发挥示范工程的引领和带动作用，逐步推广成熟和先进经验。本案例集共收录路基工程、路面工程、桥涵工程、隧道工程、附属工程、两区三场、改扩建交通组织、安全环保及文明施工、质量安全信息化应用九大类共226项经验做法，其中大部分经验做法已在相关项目中推广应用。

  因水平所限，本案例集还存在较多不足之处，欢迎各位同仁提出宝贵建议，交流学习，我们将不断总结、改进、完善，同时希望通过全公司的共同努力，积极打造"品质工程"和"平安工地"，使"山高·行"建设品牌更上一个新台阶！

本书编写委员会

2024年12月

目 录
CONTNTS

第一部分　路基工程 ·· 001
 01　路基临时挡水埝 ··· 002
 02　路基施工要点公示牌 ··· 003
 03　边坡防护样板展示区 ··· 004
 04　现场电力线缆警示防护 ······································· 005
 05　粉料撒布车 ··· 006
 06　梯形边沟定型开挖 ··· 007
 07　浆喷桩自动拌浆设备 ··· 008
 08　排水沟预制板安装模架 ······································· 009
 09　植物纤维毯 ··· 010
 10　高举锚固移动钻机 ··· 011
 11　智能测量机器人路基放样作业 ································· 012
 12　岩石植生边坡防护 ··· 013
 13　路基液压夯补强 ··· 014
 14　路基冲击碾补强 ··· 015

| | 15 路基强夯补强 | 016 |

第二部分　路面工程 … 017

01	水稳基层边部自动注浆机	018
02	土工聚合物铺设机具	019
03	路面无人摊铺	020
04	路面低坍落度混凝土施工应用	021
05	路面水稳基层双层连铺侧向布料	022
06	路面芯样转运装置及展示装置	023
07	水稳摊铺机防溢料推板	024
08	路面松铺厚度测量装置	025
09	路面取芯机自动升降装置	026
10	路面压实机械紧急制动装置	027
11	沥青路面补芯压实设备	028
12	路面施工车辆导流限速管制措施	029
13	路面施工"安全工点标准化"	030
14	大断面摊铺机	031
15	超高缓和段零横坡排水	032
16	液态粉煤灰台背回填	033
17	轻质泡沫土台背回填	034
18	沥青红外快速分析仪	035
19	水稳基层应用超缓凝水泥	036

第三部分　桥涵工程 … 037

01	地质雷达基底探测	038
02	钢筋笼山地专用运输车	039
03	桩柱钢筋笼连接自动焊接机器人	040
04	桩基施工电动旋挖钻	041
05	气举反循环清孔工艺	042
06	桩基钢筋笼保护层导向定位管	043

07	钢筋笼珍珠棉泡沫套管	044
08	新型钢筋套筒电动上丝扳手	045
09	钢筋机械连接检测装置	046
10	桩基成孔检测仪	047
11	桥梁桩底溶洞探测仪	048
12	钢筋骨架支撑改进体系	049
13	箱涵帽石定型钢模	050
14	结构物"身份证"	051
15	箱涵钢筋骨架绑扎胎架	052
16	高墩钢筋定位模具	053
17	三段式止水拉杆	054
18	沉降缝应用 SBS 防水卷材	055
19	方墩钢筋绑扎操作平台	056
20	薄壁空心墩液压爬模系统及自动喷淋养护	057
21	拼装钢牛腿盖梁支架	058
22	肋板台底部砌块砌筑施工	059
23	涵洞墙身无拉杆模板	060
24	行走式可调跨径及高度的涵洞模板台车	061
25	聚氨酯泡沫保温涂层	062
26	墩柱保护层调节螺母	063
27	墩柱智能养护系统	064
28	冬期施工模板电加热保温	065
29	支座垫石作业平台防护	066
30	支座垫石养护工艺	067
31	预制箱梁多长度共用模板系统	068
32	不锈钢复合模板	069
33	箱梁底模可升降台座	070
34	竹节式波纹管接头	071

35	预应力孔道塑料螺旋式封堵塞	072
36	预制箱梁钢筋定位胎架	073
37	波纹管定位装置	074
38	箱梁顶板钢筋绑扎滑移小车	075
39	一次性止浆阀	076
40	预制箱梁浇筑双口料斗装置	077
41	预制箱梁内模反压杠装置	078
42	自行式轮式提梁机	079
43	预制箱梁端头角度精确控制	080
44	箱梁封端养护专用材料	081
45	预制箱梁可调角度封端	082
46	箱梁存放临时滴水措施	083
47	预制板边角保护装置	084
48	钢箱梁桥面板无落地式现浇支架	085
49	钢箱梁桥面铺装支吊组合	086
50	桥梁护栏模板拆装台车	087
51	桥面铺装双系统激光摊铺机	088
52	混凝土护栏自动喷淋养护台车	089
53	新型混凝土护栏自动喷淋养护装置	090
54	全自动压轮式钢筋调直机	091
55	智能前卡式千斤顶	092
56	预应力钢绞线整体穿束台车	093
57	现场钢筋存放工点标准化	094
58	非开孔型混凝土护栏模板	095
59	盘扣式支撑体系	096
60	中小跨径桥梁 PUC 材料无缝伸缩	097
61	主桥施工监控中心	098
62	激光除锈仪	099

63	混凝土护栏不锈钢复合模板	100
64	混凝土护栏顶面收浆工艺	101
65	桥面铺装抛丸凿毛	102
66	桥梁工程红蓝码验收	103

第四部分　隧道工程 ……………………………………… 105

01	凿岩台车	106
02	电动装载机	107
03	湿喷机械手	108
04	自行式液压仰拱栈桥	109
05	二衬台车混凝土自动布料和带模注浆系统	110
06	二衬混凝土专用养护台车	111
07	二衬边墙凿毛机	112
08	新时代隧道产业工人安全培训宣教片	113
09	隧道智能预警系统	114
10	隧道二衬纳米瓷涂料	115
11	隧道门禁+人员定位系统	116
12	隧道洞口喷淋降尘系统	117
13	隧道洞口阻波墙	118
14	隧道钢拱架安装调节装置	119
15	隧道初支变形自动化监测	120
16	有害气体监测自动报警装置	121
17	仰拱钢筋定位装置	122
18	隧道防水作业台架智能灭火系统	123
19	隧道镭射灯	124
20	二衬混凝土防脱空监测系统	125
21	二衬标准化施工工序延展	126
22	隧道洞口减光棚	127

第五部分　附属工程 …… 129

- 01　急流槽"八字口"预制安装 …… 130
- 02　中央分隔带开口处端头路缘石预制安装 …… 131
- 03　隔离栅基础集中预制 …… 132
- 04　乔木规格快速检测装置 …… 133
- 05　路缘石防侧移背带加固 …… 134
- 06　UHPC 隧道复合盖板 …… 135
- 07　高分子隧道边沟盖板 …… 136
- 08　UHPC 道路边沟盖板 …… 137
- 09　UHPC 路缘石 …… 138
- 10　HPC 薄壁空心路缘石 …… 139
- 11　花岗岩路缘石 …… 140
- 12　干硬性混凝土小型预制构件 …… 141
- 13　新型隔离栅 …… 142
- 14　波形钢护栏红蓝码验收 …… 143

第六部分　两区三场 …… 145

- 01　场站工人产业园 …… 146
- 02　场站防尘降尘系统 …… 147
- 03　水稳料振动式搅拌 …… 148
- 04　场站环境监测系统 …… 149
- 05　场站验料平台和样品比对箱 …… 150
- 06　钢筋加工智能数控设备 …… 151
- 07　钢筋加工场标准件展示区 …… 152
- 08　拌和站上料斗脉冲除尘器 …… 153
- 09　料仓地暖装置 …… 154
- 10　料仓防铲底装置 …… 155
- 11　装载机防铲底料斗 …… 156
- 12　BIM 技术在场站规划中的应用 …… 157

	13	智慧梁场管理平台	158
	14	预制梁板装配式台座	159
	15	预制箱梁移动台座	160
	16	整体式节能型箱梁养护棚	161
	17	自动伸缩式喷淋养护系统	162
	18	自行式整体液压箱梁模板	163
	19	梁板检梁平台	164
	20	集料自动取样检测系统	165
	21	粗集料除尘筛砂机	166
	22	焊接机器人	167
	23	砂石料检测单人取料车	168
	24	混凝土回收砂石分离机	169
	25	数字化养护棚	170
	26	子母式移动钢筋绑扎棚	171
	27	钢筋笼双箍筋新型放线架	172
	28	关键材料 AB 库管控	173

第七部分　改扩建交通组织　175

	01	基于数字孪生的交通组织数字化交底	176
	02	"一路多方"应急联动工作机制	177
	03	亮闪警示走廊	178
	04	收费站潮汐通道	179
	05	交通封闭导改调流"4+4+1"工作法	180

第八部分　安全环保及文明施工　181

	01	便道喷淋系统	182
	02	环保抑尘剂	183
	03	焊烟除尘器	184
	04	应急逃生杆	185
	05	自动洗车平台	186

06	机械指挥官管理系统	187
07	起重设备安全可视化监控系统	188
08	生物燃料	189
09	机械设备作业半径电子警示	190
10	多媒体安全教育工具箱	191
11	汽车起重机支腿限位合格线标签	192
12	智慧消防火灾报警系统	193
13	设备信息"二维码"	194
14	红外感应语音提示器	195
15	智能风速报警仪	196
16	安全体验馆	197
17	钢管桩围堰变形监测	198
18	安全爬梯门禁系统	199
19	桩基孔口防护笼子	200
20	桥面系施工电缆挂钩	201
21	横隔板施工折叠式吊篮	202
22	门式起重机遥控器密码箱	203
23	梁板运输防撞缓冲车	204
24	泥浆池双层防护防渗设施	205
25	中央分隔带装配式安全通道	206
26	墩柱施工安全爬梯	207
27	塔式起重机智能监控系统	208
28	安全积分超市	209

第九部分　质量安全信息化应用 211

01	安全资料管理	212
02	安全风险库	213
03	安全风险分级管控系统	214
04	隐患排查治理管控系统	215

05	安全咨询管理系统	216
06	安全晨会管理系统	217
07	特种设备管理系统	218
08	隧道超前地质预报系统	219
09	隧道监控量测系统	220
10	隧道安全步距系统	221
11	安全环保费发票查验系统	222
12	原材料管理系统	223
13	试验质量管理系统	224
14	工地试验管理系统	225
15	拌和站生产质量管理系统	226
16	工序管理系统	227
17	桩基检测管理系统	228
18	工程质量检测管理系统	229
19	沥青路面质量管理系统	230
20	软基处理管理系统	231
21	智能张拉压浆管理系统	232
22	泡沫轻质土质量管理系统	233
23	质量通病库	234
24	质量资料管理系统	235
25	视频监控智能分析系统	236
26	航拍视频管理系统	237
27	知识在线系统	238
28	投诉管理系统	239

第一部分

路基工程

本部分共收录路基工程经验做法 15 个，分别为路基临时挡水埂、路基施工要点公示牌、边坡防护样板展示区、现场电力线缆警示防护、粉料撒布车、梯形边沟定型开挖、浆喷桩自动拌浆设备、排水沟预制板安装模架、植物纤维毯、高举锚固移动钻机、智能测量机器人路基放样作业、岩石植生边坡防护、路基液压夯补强、路基冲击碾补强、路基强夯补强。

通过以上经验做法的应用，解决了路基施工过程中的不均匀沉降、边坡冲刷等问题，在路基施工质量、进度、安全等管理方面有了显著提升。

01　路基临时挡水埂

◎ **名称**

路基临时挡水埂

◎ **经验做法**

在路基填筑施工完成或暂停施工的段落上设置路基临时挡水埂，按距离间隔设置临时泄水槽，降雨时可以将雨水集中堵截至临时泄水槽集中排出，可以有效防止雨水对路基边坡的冲刷，保证了路基边坡的稳定性。

◎ **图片示例**

02 路基施工要点公示牌

◎ **名称**

路基施工要点公示牌

◎ **经验做法**

在路基施工现场醒目位置设置分项工程流程图、路基路面结构层公示牌,内容包括工艺流程、检测指标和施工、监理控制要点,作业人员可熟知、掌握各项指标及要求,做到应知应会。

◎ **图片示例**

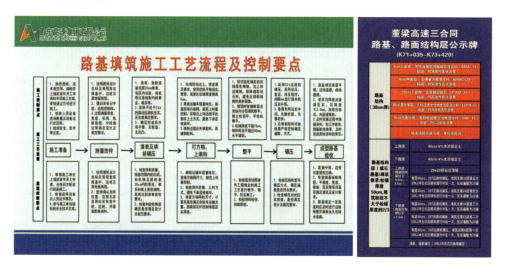

03 边坡防护样板展示区

◎ 名称

边坡防护样板展示区

◎ 经验做法

在施工现场设置路基边坡施工样板展示区，将图纸设计及施工技术标准具象化，项目部技术人员借助样板展示区对进场施工人员进行技术交底和岗位培训，让施工人员了解本项目边坡防护图纸、设计及质量验收标准，有利于提高边坡防护排水工程的施工质量。

◎ 图片示例

04 现场电力线缆警示防护

◎ **名称**

现场电力线缆警示防护

◎ **经验做法**

为保障施工现场作业安全，防止作业人员误操作、误入电力线缆安全范围，根据不同等级电力线，在便道、路基设置限宽、限高、放电提示等安全警示标志，同时设立限高门架、彩条绳等设施，避免触电。

◎ **图片示例**

05　粉料撒布车

◎ **名称**

粉料撒布车

◎ **经验做法**

对路基和路床掺水泥或石灰进行改良补强，采用粉料撒布车代替传统的人工现场布灰，利用车辆控制自动计算系统可对现场布灰量进行准确控制，同时减少现场扬尘污染。

◎ **图片示例**

06　梯形边沟定型开挖

◎**名称**

梯形边沟定型开挖

◎**经验做法**

将普通挖掘机传统挖斗改造成异型挖斗，在异型挖斗上增设横梁及限位杆，确保路基排水边沟一次成型，操作简单，施工效率高，降低人工修整外观尺寸的不确定性。

◎**图片示例**

07　浆喷桩自动拌浆设备

◎ **名称**

浆喷桩自动拌浆设备

◎ **经验做法**

该设备主要对浆喷桩施工的拌浆全过程进行实时记录，并采用自动化手段对制浆量、水泥用量等重要技术参数进行实时采集和监测，使浆喷桩拌浆过程的每一环节有迹可循，为施工质量管理和进度统计提供真实可靠的凭证，做到质量可追溯。

◎ **图片示例**

08 排水沟预制板安装模架

◎ **名称**

排水沟预制板安装模架

◎ **经验做法**

根据图纸设计尺寸定制排水沟预制板安装模架，施工前根据排水沟线形及排水坡度，在每段落两端和中间位置设置预制板安装模架，模架间拉线控制排水沟预制板安装的线形及坡度，预制板间采用垫块支垫，控制板间缝隙，确保排水沟线形平顺、美观。

◎ **图片示例**

09 植物纤维毯

◎ **名称**

植物纤维毯

◎ **经验做法**

植物纤维毯是一项生态边坡防护技术，主要选用可降解的植物纤维（如水稻秸秆、椰棕等）作为主要原料，经流水生产线编织成毯状纤维网，具有保水保温、抗冲刷、防风固土、帮助植物快速成长等特点，起到保持水土和绿化的作用，最终降解为养料进入土壤，减少污染，实现"绿色生态"防护。

◎ **图片示例**

10 高举锚固移动钻机

◎ **名称**

高举锚固移动钻机

◎ **经验做法**

高举锚固移动钻机采用液压伸缩臂，伸缩臂最高可达30m，整机可实现360°旋转，打孔无死角，钻孔深度深，钻孔速度快。采用高举锚固移动钻机钻孔代替传统人工钻孔，有效提高施工效率，降低施工安全风险。

◎ **图片示例**

11　智能测量机器人路基放样作业

◎ **名称**

智能测量机器人路基放样作业

◎ **经验做法**

利用道路测量机器人开展测量、标记、划线等工作,通过数字化、智能化系统管理和标准化测量作业,有效减少人工成本,显著提高作业质量和效率。

◎ **图片示例**

12 岩石植生边坡防护

◎ **名称**

岩石植生边坡防护

◎ **经验做法**

岩石植生边坡防护是在不改变原有防护形式的前提下，首先重构植生基础，打锚注浆固定热镀锌立体铁丝网，再生物加糙，满足条件后进行岩石植生分层喷射，整体喷射厚度约10cm，最后覆盖养生。

◎ **图片示例**

13　路基液压夯补强

◎ **名称**

路基液压夯补强

◎ **经验做法**

为解决路基压实问题、提高压实质量、减少不均匀沉降,在台背回填、新老路基拼接、桥头锥坡等大型压实设备难以压实的部位,进行高速液压夯补强。

◎ **图片示例**

14　路基冲击碾补强

◎ **名称**

路基冲击碾补强

◎ **经验做法**

冲击碾压有效压实深度可达 1~2m，显著提高地基的承载力和稳定性，较传统压实方法快 2~5 倍，大幅度提高工程的施工速度和效率，缩短工期，进而降低了工程成本。

◎ **图片示例**

15 路基强夯补强

◎ **名称**

路基强夯补强

◎ **经验做法**

根据不同强夯能级,加固影响深度可达 3~10m,有效防止砂土地震液化,消除或降低大孔隙填料的湿陷等级,有利于提升路基整体稳定性,大幅减少工后不均匀沉降。

◎ **图片示例**

第二部分

路面工程

本部分共收录路面工程经验做法19个，分别为水稳基层边部自动注浆机、土工聚合物铺设机具、路面无人摊铺、路面低坍落度混凝土施工应用、路面水稳基层双层连铺侧向布料、路面芯样转运装置及展示装置、水稳摊铺机溢料推板、路面松铺厚度测量装置、路面取芯机自动升降架、路面压实机械紧急制动装置、沥青路面补芯压实设备、路面施工车辆导流限速管控措施、路面施工"安全工点标准化"、大断面摊铺机、超高缓和段零横坡排水、液态粉煤灰台背回填、轻质泡沫土台背回填、沥青红外快速分析仪、水稳基层应用超缓凝水泥等。

通过以上经验做法的应用，一定程度上解决了路面施工过程中的边部松散、表面离析、平整度差等问题，有效提升路面施工质量，保障了施工安全和进度。

01　水稳基层边部自动注浆机

◎ **名称**

水稳基层边部自动注浆机

◎ **经验做法**

为有效解决水稳基层边部强度不足问题，在保证压实遍数的前提下，在水稳基层摊铺过程中，采用边部自动注浆机，将其放置于水稳摊铺机上对边部约30cm的范围内补洒水泥浆，以提高基层边部和结合面的密实度及强度，保障基层边部施工质量。

◎ **图片示例**

02　土工聚合物铺设机具

◎ **名称**

土工聚合物铺设机具

◎ **经验做法**

土工聚合物铺设机具主要用于路面接缝位置土工织物的铺设，较传统人工铺设，土工聚合物铺设机具可实现单人操作，可有效防止土工织物被大风吹起或铺设不平整、线形歪扭等现象，有效提高了施工效率，减少人工成本。

◎ **图片示例**

03　路面无人摊铺

◎ **名称**

路面无人摊铺

◎ **经验做法**

无人摊铺系统采用了压路机自动驾驶压实技术、机群协同控制施工技术、数字化平台等技术，并将人工智能、3D 找平、智能压实、云平台、大数据等先进智能化技术与路面施工有机融合。该工艺提升路面摊铺质量稳定性，降低人工成本，并可以 24h 不间断施工，大幅提升施工效率。

◎ **图片示例**

04　路面低坍落度混凝土施工应用

◎ **名称**

路面低坍落度混凝土施工应用

◎ **经验做法**

收费站广场水泥混凝土路面采用低坍落度混凝土，坍落度小于40mm，避免了水泥混凝土路面因浮浆多造成的表面起皮、裂纹等病害。由于低坍落度混凝土流动性差，无法使用罐车运输，故采用翻斗车运输至施工现场，并在现场设置铁皮料斗进行存放，采用挖掘机进行布料。

◎ **图片示例**

05　路面水稳基层双层连铺侧向布料

◎ **名称**

路面水稳基层双层连铺侧向布料

◎ **经验做法**

采用侧向布料机与大宽度摊铺机配合进行路面水稳基层摊铺施工,可使双层连铺过程依次同步进行,有效提高基层双层连铺施工质量,加快水稳基层施工进度。

◎ **图片示例**

06 路面芯样转运装置及展示装置

◎ **名称**

路面芯样转运装置及展示装置

◎ **经验做法**

路面水稳基层、沥青面层芯样运输过程中易造成连体芯样的损坏，采用木制和海绵材料加工的转运装置，对芯样起到保护作用，有效避免连体转运过程中芯样层间断裂。现场摆放芯样展示装置，可以促进路面施工质量现场交流，有利于路面标准化的推行。

◎ **图片示例**

07　水稳摊铺机防溢料推板

◎名称
水稳摊铺机防溢料推板

◎经验做法
路面水稳基层摊铺机履带轮前增设推板，将溢料推至摊铺机履带两侧，可有效避免溢料对摊铺平整度的影响，保证施工质量；同时减少了摊铺机旁人工作业，消除了安全隐患，降低了施工成本。

◎图片示例

08　路面松铺厚度测量装置

◎ **名称**

路面松铺厚度测量装置

◎ **经验做法**

为解决因人为判定因素造成松铺厚度检测不合格情况的发生，设计了一种测量挂线高度反算路面松铺厚度的装置。该装置操作简单，保证了对路面摊铺松铺厚度的准确量测，有效避免了因松铺厚度不足导致最终厚度不符合设计要求的问题。

◎ **图片示例**

09　路面取芯机自动升降装置

◎ **名称**

路面取芯机自动升降装置

◎ **经验做法**

路面取芯机自动升降装置是辅助取芯机上下车的一套电动装置，电动升降，降低取芯工作的劳动力投入，安全稳固可靠，降低劳动强度。

◎ **图片示例**

10　路面压实机械紧急制动装置

◎ **名称**

路面压实机械紧急制动装置

◎ **经验做法**

在路面施工过程中采用压实机械紧急制动装置，具备雷达监测功能，可实现10m预警、5m制动、2m停车，结合防撞架自动切断输出动力避免障碍物卷入的功能，保障施工过程安全。

◎ **图片示例**

11 沥青路面补芯压实设备

◎ **名称**

沥青路面补芯压实设备

◎ **经验做法**

采用此设备施工可将补芯混合料充分压实，替代传统的人工锤击补芯方式，提高补芯质量的同时大幅提升了补芯效率，降低了对路面的损害。

◎ **图片示例**

12　路面施工车辆导流限速管制措施

◎**名称**

路面施工车辆导流限速管控措施

◎**经验做法**

部分沥青路面（上、中、下面层）施工完成后，为防止施工车辆速度较快引发交通事故，在施工现场每隔2km设置一处强制车辆减速的两排隔离墩和临时测速仪，对路面行驶车辆进行交通导流，提示车辆不超速行驶。设置测速和导向标志，防止施工车辆速度过快造成交通事故。

◎**图片示例**

13 路面施工"安全工点标准化"

◎ **名称**

路面施工"安全工点标准化"

◎ **经验做法**

施工现场实行"安全工点标准化"管理,划分为五个区域进行安全控制,即:清扫区、掉头区、摊铺区、碾压区、检测区。实施安全分区管理后,每个工作面作业人员减少,大大降低了施工成本。

◎ **图片示例**

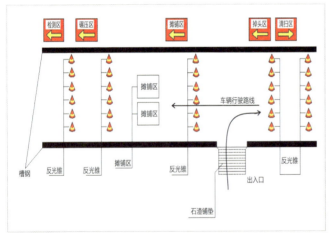

14　大断面摊铺机

◎ **名称**

大断面摊铺机

◎ **经验做法**

沥青路面施工采用大断面抗离析摊铺机进行摊铺，摊铺厚度采用超声波平衡梁进行控制，大断面摊铺机的应用可保证无纵向接缝、摊铺断面一致，保证上面层的整体平整度，并可实现抗离析、超宽度、超厚度、高均匀度、高效率等多功能摊铺作业。

◎ **图片示例**

15 超高缓和段零横坡排水

◎ **名称**

超高缓和段零横坡排水

◎ **经验做法**

为解决零横坡排水问题，采用伸缩缝路面排水设施。箱涵内设置钢管，钢管顶部预留槽口焊接钢板，并与伸缩缝缝口连接，伸缩缝的缝口两侧顶面与路面持平，使路面积水通过伸缩缝流入下方钢管中，最后通过与小箱涵连接的急流槽排至路基边沟。

◎ **图片示例**

16 液态粉煤灰台背回填

◎**名称**

液态粉煤灰台背回填

◎**经验做法**

利用液态粉煤灰回填台背,该材料体积轻,可有效减小台背对桥台的侧压力,降低对构造物桥台稳定性的影响,同时更有效减少了台背与桥台的不均匀沉降,可很好地解决桥头跳车问题。

◎**图片示例**

17 轻质泡沫土台背回填

◎ **名称**

轻质泡沫土台背回填

◎ **经验做法**

利用轻质泡沫土低密度特性回填台背，可实现与主体的紧密结合，且轻质泡沫土具有较低的弹性模量，从而对冲击荷载实现良好的吸收和分散作用，有效减少了台背与桥台的不均匀沉降，可很好地解决桥头跳车问题。

◎ **图片示例**

18 沥青红外快速分析仪

◎ **名称**

沥青红外快速分析仪

◎ **经验做法**

沥青快速分析仪采用傅里叶变换、红外光谱等技术，可以快速检测沥青的针入度、软化点、蜡含量以及改性沥青中的SBS[1]含量等指标。该分析仪器具有便携、用样量少、检测速度快、操作简便等特点，单次检测时间少于3min。

◎ **图片示例**

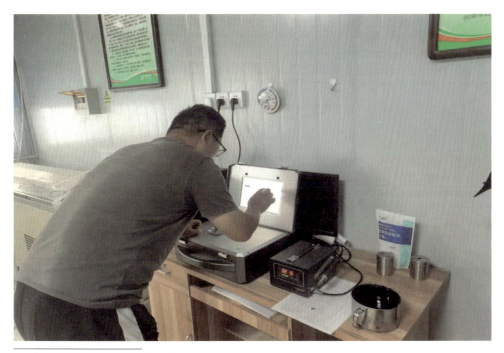

[1] SBS：苯乙烯-丁二烯-苯乙烯嵌段共聚物。

19 水稳基层应用超缓凝水泥

◎ **名称**

水稳基层应用超缓凝水泥

◎ **经验做法**

为实现水稳基层多层连铺施工工艺,基于超缓凝水泥具有初、终凝时间长的特点,选用超缓凝水泥替代普通水泥,可有效解决普通水泥水稳混合料凝结时间短、水化速度快的问题,提高水稳基层施工效率。

◎ **图片示例**

第三部分

桥涵工程

本部分共收录桥涵工程经验做法 66 个，分别为地质雷达基底探测、钢筋笼山地专用运输车、桩柱钢筋笼连接自动焊接机器人、桩基施工电动旋挖钻、气举反循环清孔工艺、桩基钢筋笼保护层导向定位管、钢筋笼珍珠棉泡沫套管、新型钢筋套筒电动上丝扳手、钢筋机械连接检测装置、桩基成孔检测仪、桥梁桩底溶洞探测仪、钢筋骨架支撑改进体系、箱涵帽石定型钢模、结构物"身份证"、箱涵钢筋骨架绑扎胎架、高墩钢筋定位模具、三段式止水拉杆、沉降缝应用 SBS 防水卷材、方墩钢筋绑扎操作平台等。

通过以上经验做法的应用，提升了桥涵施工过程中钢筋焊接质量、保护层合格率、混凝土外观及安全防护等方面管理水平，为解决制约工程质量、安全、进度难题提供了方案。

01　地质雷达基底探测

◎ **名称**

地质雷达基底探测

◎ **经验做法**

桥梁桩基成孔或涵洞基础开挖完成后，对孔底及涵洞基底采用溶洞探测仪进行探测，判断是否存在溶洞，及时采取应对方案，提高施工质量，降低运营安全风险。

◎ **图片示例**

02 钢筋笼山地专用运输车

◎ **名称**

钢筋笼山地专用运输车

◎ **经验做法**

在地形地貌较为复杂的山岭重丘区，采用钢筋笼山地专用运输车运输桩基、墩柱钢筋笼等，有效应对地形复杂、道路崎岖等问题，提高运输效率的同时，可保证钢筋笼整体不变形。

◎ **图片示例**

03 桩柱钢筋笼连接自动焊接机器人

◎ **名称**

桩柱钢筋笼连接自动焊接机器人

◎ **经验做法**

应用自动焊接机器人,通过竖向滑轨及可伸缩式的焊接作业臂,稳定提高桩柱钢筋连接的焊接质量,降低工人劳动强度,提高劳动生产率,有效避免人为因素造成的烧筋、漏焊等焊接质量缺陷。

◎ **图片示例**

04 桩基施工电动旋挖钻

◎ **名称**

桩基施工电动旋挖钻

◎ **经验做法**

电动旋挖钻采用大功率电机直驱，功率提升20%～30%，电机效率大于95%，动力足，主卷扬输出功率大，钻进速度为传统燃油钻机的2倍。相对于传统燃油设备，电动旋挖钻机纯电模式节约能耗成本70%～80%、增程模式节约能耗成本40%～50%；施工噪声低，夜间施工限制少。

◎ **图片示例**

05 气举反循环清孔工艺

◎ **名称**

气举反循环清孔工艺

◎ **经验做法**

气举反循环清孔工艺用强大气压将较大石块通过导管顺利吸出,清孔速度快,桩底沉渣清理较为彻底。

◎ **图片示例**

06　桩基钢筋笼保护层导向定位管

◎ **名称**

桩基钢筋笼保护层导向定位管

◎ **经验做法**

为解决桥梁桩基钢筋笼偏位的质量通病，采用导向定位管和保护层垫块的措施进行双控，定位导向管采用与保护层厚度等厚的钢管，固定于护筒的四个方向，可有效控制住钢筋笼的位置，防止偏位，确保了钢筋笼的中心位置，有效控制了保护层厚度。

◎ **图片示例**

07　钢筋笼珍珠棉泡沫套管

◎ **名称**

钢筋笼珍珠棉泡沫套管

◎ **经验做法**

钢筋笼端部采用珍珠棉泡沫套管,其将钢筋笼伸入承台的主筋全部包裹密封,使桩头的混凝土与主筋不发生握裹,方便桩头破除时剥离钢筋,从而大大加快桩头凿除速度,降低施工成本。

◎ **图片示例**

08　新型钢筋套筒电动上丝扳手

◎ **名称**

新型钢筋套筒电动上丝扳手

◎ **经验做法**

新型钢筋套筒电动上丝扳手具有适用范围广、传力性能好、施工速度快、质量稳定等优点，较人工手动扳手上丝连接更紧密，效率更高。

◎ **图片示例**

09 钢筋机械连接检测装置

◎ **名称**

钢筋机械连接检测装置

◎ **经验做法**

为解决钢筋机械连接接头贴合度不高的问题,提前在两根接头钢筋上刻画标记,应用钢筋机械连接检测装置,量取两端的长度以检测套筒连接是否紧密,确保机械连接质量。此装置简单实用,成本低。

◎ **图片示例**

10 桩基成孔检测仪

◎ **名称**

桩基成孔检测仪

◎ **经验做法**

桩基成孔检测仪采用超声波反射技术,检测桩基成孔情况,直观反映孔径、孔深、垂直度等参数,可对图像进行放大、数字滤波、提取钻孔报告等。相对于传统检测方式,检测效率高,数据准确。

◎ **图片示例**

11 桥梁桩底溶洞探测仪

◎ **名称**

桥梁桩底溶洞探测仪

◎ **经验做法**

桥梁桩底溶洞探测仪是在桩底利用声呐探测设备发射弹性波,当遇到断层、溶润、溶蚀裂、软弱夹层等不良地质体时,会产生反射回波,通过回波分析桩底的不良地质体的情况,保证桩底地基承载力满足要求。

◎ **图片示例**

12　钢筋骨架支撑改进体系

◎ **名称**

钢筋骨架支撑改进体系

◎ **经验做法**

该做法对支撑筋的埋设方式、位置以及材料进行了优化，采用塑料套筒、支撑钢管及钢丝紧绳器对钢筋骨架进行固定，支撑钢管可取出后重复利用，避免了材料浪费。同时该体系的支撑点受力均匀，支撑更稳定。

◎ **图片示例**

13　箱涵帽石定型钢模

◎**名称**

箱涵帽石定型钢模

◎**经验做法**

为提升箱涵帽石外观质量，避免出现跑模、线形较差、预制帽石安装连接不紧密、易掉落等问题，采用定型钢模整体现浇，保证了线形，提高外观质量，有效加快了施工进度。

◎**图片示例**

14 结构物"身份证"

◎ **名称**

结构物"身份证"

◎ **经验做法**

为规范施工现场管理,采用结构物"身份证"对预制箱梁、空心板、箱涵、圆管涵、钻孔灌注桩、立柱、盖梁进行赋码,通过对"身份证"进行识别,便于查询结构物施工信息。

◎ **图片示例**

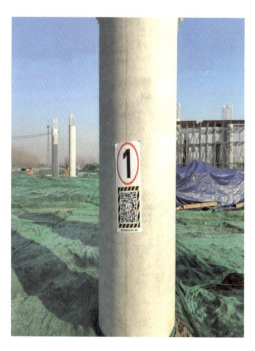

15　箱涵钢筋骨架绑扎胎架

◎ **名称**

箱涵钢筋骨架绑扎胎架

◎ **经验做法**

为确保箱涵钢筋定位准确,提高钢筋间距及保护层合格率,加工制作专门的箱涵钢筋骨架绑扎胎架,便于工人操作安装,有效提高钢筋安装效率,提升钢筋间距合格率和钢筋保护层厚度合格率。

◎ **图片示例**

16　高墩钢筋定位模具

◎ **名称**

高墩钢筋定位模具

◎ **经验做法**

为解决人工操作带来的钢筋间距大小不一、精确度不高的问题，采用定位模具，操作简便，可以准确、迅速地将钢筋放置在设计位置，有效提高钢筋安装效率，提升钢筋间距合格率和钢筋保护层厚度合格率。

◎ **图片示例**

17　三段式止水拉杆

◎ **名称**

三段式止水拉杆

◎ **经验做法**

三段式止水拉杆由两根外杆加一根内杆和螺母组成，两端使用锥形母进行定位，锥形母内可以连接内杆和外杆，内杆带有止水片，可以拆卸成三段结构。该装置可有效防止拉杆孔位置漏浆，提高混凝土外观质量。

◎ **图片示例**

18　沉降缝应用 SBS 防水卷材

◎**名称**

沉降缝应用 SBS 防水卷材

◎**经验做法**

SBS 防水卷材耐高温，有较高的弹性、耐疲劳性和较强的耐穿刺能力、耐撕裂能力，便于现场施工，有利于质量控制，降低了返修率。

◎**图片示例**

19　方墩钢筋绑扎操作平台

◎ **名称**

方墩钢筋绑扎操作平台

◎ **经验做法**

方形墩柱施工中钢筋绑扎量较大,为解决钢筋绑扎高空作业不安全的问题,使用钢筋绑扎操作平台。该操作平台保证了施工作业人员的安全,为提高钢筋绑扎质量创造了良好的安全作业条件。

◎ **图片示例**

20 薄壁空心墩液压爬模系统及自动喷淋养护

◎ **名称**

薄壁空心墩液压爬模系统及自动喷淋养护

◎ **经验做法**

为提高薄壁空心墩施工安全系数、加快施工进度，使用具有强度高、自重小、操作简便、整体性强等特点的维萨板液压爬模系统。并应用薄壁空心墩自动喷淋养护技术，有效解决高墩养护难题，保证混凝土有效养护，提升了工程质量。

◎ **图片示例**

21 拼装钢牛腿盖梁支架

◎ **名称**

拼装钢牛腿盖梁支架

◎ **经验做法**

高方墩盖梁及墩帽施工时采用拼装钢牛腿代替传统落地支架，在墩柱施工时预埋钢牛腿锚固螺栓，搭设盖梁或墩帽模板时通过钢牛腿与墩柱约束固定进行横梁支撑。钢牛腿可周转使用，施工成本大幅降低。

◎ **图片示例**

22　肋板台底部砌块砌筑施工

◎ **名称**

肋板台底部砌块砌筑施工

◎ **经验做法**

针对肋板台下部回填范围不易压实的质量通病，通过采取砌筑砌块方式，可有效确保回填密实度，且具备施工周期短、质量高的优势，避免回填部位出现不均匀沉降问题。

◎ **图片示例**

23 涵洞墙身无拉杆模板

◎ **名称**

涵洞墙身无拉杆模板

◎ **经验做法**

为有效提升涵洞墙身外观质量,确保结构尺寸,采用无拉杆一体化涵洞墙身模板,墙身内外模拼装成组合钢模板,通过大型支架体系代替传统钢管支架配合对拉螺杆加固的方式,取消对拉螺杆,实现模板一次拼装、整体移动,减少了模板体系拼装、拆除工程量,可有效加快施工进度。

◎ **图片示例**

24　行走式可调跨径及高度的涵洞模板台车

◎ **名称**

行走式可调跨径及高度的涵洞模板台车

◎ **经验做法**

行走式可调跨径及高度的涵洞模板台车由内模系统、行走系统和外模系统三部分构成。该台车通过增减调节柱、调节板和顶板，可对不同跨径和高度的涵洞进行支模，代替传统简易拼装模板，内模板通过底部行走轨轮移动，提高涵洞施工效率，减少模板拼装，提升箱涵外观质量。

◎ **图片示例**

25 聚氨酯泡沫保温涂层

◎ **名称**

聚氨酯泡沫保温涂层

◎ **经验做法**

混凝土结构物冬期施工时，采用模板外侧喷涂聚氨酯泡沫保温的方法，提升模板的保温性能，提高冬期施工混凝土性能和初期强度。聚氨酯泡沫喷涂工艺施工简单，在模板拆装或周转时造成的保温涂层损坏可及时进行修补。

◎ **图片示例**

26 墩柱保护层调节螺母

◎ **名称**

墩柱保护层调节螺母

◎ **经验做法**

为提高墩柱保护层合格率,在墩柱钢筋笼主筋上焊接螺母,根据保护层厚度调节螺栓长度来确定模板支立位置,并在螺栓上设置塑料套或采用不锈钢螺栓防止锈蚀。

◎ **图片示例**

27 墩柱智能养护系统

◎ **名称**

墩柱智能养护系统

◎ **经验做法**

采用在墩柱顶部设置一圈喷头+塑料薄膜+定时器的方式进行洒水保湿养护，同时对养护水进行过滤处理，根据不同季节、不同时间段设置不同养护时间和时间间隔，确保养护持续且不间断。这种养护方式降低了人工养护的劳动强度，提升了养护质效。

◎ **图片示例**

28 冬期施工模板电加热保温

◎**名称**

冬期施工模板电加热保温

◎**经验做法**

冬期施工采用模板电加热保温措施,在混凝土浇筑之前先加热模板至10℃以上方可进行混凝土浇筑,浇筑完成后可对模板持续保温,有效保证冬期施工混凝土质量。

◎**图片示例**

29 支座垫石作业平台防护

◎ **名称**

支座垫石作业平台防护

◎ **经验做法**

采用方钢管和槽钢焊接而成,护栏高度1.6m,卡槽槽钢下伸0.5m,支座垫石施工作业前在盖梁上卡放定制施工防护栏杆,有效保证了作业人员安全。

◎ **图片示例**

30　支座垫石养护工艺

◎ **名称**

支座垫石养护工艺

◎ **经验做法**

支座垫石具有尺寸小、位于高处、数量多且分散等特点，采用水桶滴灌或者覆盖土工布洒水等传统养护存在成本高、效果差的问题，通过采用6cm厚海绵和塑料布全包裹覆盖养护，有效地避免水分散失，提升了支座垫石养护质效。

◎ **图片示例**

31 预制箱梁多长度共用模板系统

◎ **名称**

预制箱梁多长度共用模板系统

◎ **经验做法**

预制箱梁侧模端头采用液压油缸进行伸缩,可调整梁板长度,适用于多种长度的梁板,减少了更换模板次数,较传统模板减少了模板投入。

◎ **图片示例**

32 不锈钢复合模板

◎ **名称**

不锈钢复合模板

◎ **经验做法**

在桥梁工程施工过程中，水泥混凝土结构工程等外露面采用不锈钢复合模板（5mm普通钢板+1mm不锈钢板），可有效提高混凝土外观质量，同时大幅减少工人清理、打磨模板的工作量。

◎ **图片示例**

33 箱梁底模可升降台座

◎ **名称**

箱梁底模可升降台座

◎ **经验做法**

在预制箱梁张拉前,将底模下降,在底模上安装四氟板橡胶支座后再将底模升起,箱梁端头混凝土不再与底模接触,然后张拉,可有效解决张拉时箱梁端头混凝土被拉裂问题。

◎ **图片示例**

34 竹节式波纹管接头

◎**名称**

竹节式波纹管接头

◎**经验做法**

传统波纹管连接一般用胶带封缠，缠绕不好容易出现漏浆现象，影响钢绞线穿束。采用塑料波纹管时，根据波纹管凹凸纹路，采用卡扣连接，确保波纹管连接紧密。

◎**图片示例**

35 预应力孔道塑料螺旋式封堵塞

◎ **名称**

预应力孔道塑料螺旋式封堵塞

◎ **经验做法**

采用塑料螺旋式封堵塞对预应力孔道进行封堵,避免养护期间杂物进入孔道,保证钢绞线轻松穿过,且减少钢绞线的锈蚀,提高了预应力工程质量和施工效率。

◎ **图片示例**

36　预制箱梁钢筋定位胎架

◎ **名称**

预制箱梁钢筋定位胎架

◎ **经验做法**

根据预制箱梁图纸定制钢筋定位胎架，胎架设有钢筋间距定位、波纹管坐标定位等，预制箱梁钢筋在胎架上整体绑扎、吊装。使用定位胎架绑扎钢筋，间距均匀，偏差小，提高了绑扎效率和质量。

◎ **图片示例**

37　波纹管定位装置

◎ **名称**

波纹管定位装置

◎ **经验做法**

为实现波纹管坐标精确定位，通过在绑扎胎架上设置钢板尺和线性控制钢筋线，对波纹管的坐标进行精确放样，使设计值可视化，方便作业人员精确安装波纹管。

◎ **图片示例**

38 箱梁顶板钢筋绑扎滑移小车

◎ **名称**

箱梁顶板钢筋绑扎滑移小车

◎ **经验做法**

为方便施工人员绑扎箱梁顶板钢筋，使用滑移小车辅助绑扎箱梁顶板钢筋，滑移小车自带滑轮，可以前后移动，既方便了工人绑扎中间部分的钢筋，又有效提升箱梁顶板钢筋绑扎效率和质量。

◎ **图片示例**

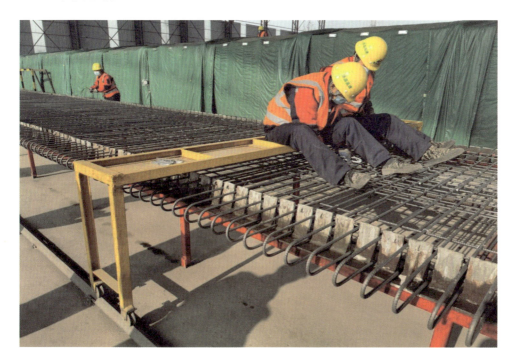

39 一次性止浆阀

◎ **名称**

一次性止浆阀

◎ **经验做法**

常规箱梁管道压浆在注浆后直接拔出注浆管，存在浆液因内部压力释放而溢出的现象，造成孔端浆液回缩后出现空洞。使用一次性止浆阀，压浆完成后关闭阀门，待浆液凝固后拿掉阀门，可避免压浆后压力损失，保证了压浆密实度。

◎ **图片示例**

40 预制箱梁浇筑双口料斗装置

◎ **名称**

预制箱梁浇筑双口料斗装置

◎ **经验做法**

根据预制箱梁腹板间距,将卸料口对称分为两个,实现双口同时卸料、混凝土对称浇筑,保证浇筑时内模平衡,防止偏压,提高箱梁的浇筑质量。应用双口料斗装置减少箱梁的浇筑时间,提高了施工效率。

◎ **图片示例**

41 预制箱梁内模反压杠装置

◎ **名称**

预制箱梁内模反压杠装置

◎ **经验做法**

为防止预制箱梁内模上浮影响结构尺寸，采用拉杆将内模与台座连接的形式固定内模，在台座上每间隔3m设置一道拉杆。相对传统压杠形式，可有效地防止内模上浮。

◎ **图片示例**

42 自行式轮式提梁机

◎**名称**

自行式轮式提梁机

◎**经验做法**

梁场移梁作业采用自行式轮式提梁机。该提梁机四脚采用可独立转动方向的轮式平台，具有转向灵活、移动速度快、移梁效率高、适用性强等优点，提高了制梁台座和制梁生产线门式起重机使用效率。

◎**图片示例**

43 预制箱梁端头角度精确控制

◎ **名称**

预制箱梁端头角度精确控制

◎ **经验做法**

为降低预制箱梁端头角度偏差对梁端间隙的影响，在预制箱梁端头模板上、下横梁处断开，采用螺栓连接，螺栓间通过增减橡胶垫片调整角度，实现端头模板角度可精确调整。

◎ **图片示例**

44　箱梁封端养护专用材料

◎ **名称**

箱梁封端养护专用材料

◎ **经验做法**

箱梁封端养护专用材料外侧是自带一层封闭薄膜的土工布，内侧是一层海绵，薄膜可以防止水分散失，养护材料上、中、下六角使用弹力皮带固定，与封端面紧贴，养护效果较好，起到保温保湿作用。

◎ **图片示例**

45　预制箱梁可调角度封端

◎ **名称**

预制箱梁可调角度封端

◎ **经验做法**

为应对预制箱梁首尾夹角不同的情况，定制可调角度封端模板，解决梁端安装间隙过大、过小等问题，确保梁板安装准确、桥梁线性平顺，提升桥梁上部结构施工质量。

◎ **图片示例**

46 箱梁存放临时滴水措施

◎ **名称**

箱梁存放临时滴水措施

◎ **经验做法**

预制梁翼板下粘贴一道5cm宽的胶带作为临时滴水檐，养护水或雨水直接顺着胶带外露部分流向地面，不会顺着翼缘板流向腹板。该措施成本低廉、工艺简单、效果显著，有效地保证了梁体的外观质量。

◎ **图片示例**

47 预制板边角保护装置

◎ **名称**

预制板边角保护装置

◎ **经验做法**

为解决预制梁板吊装过程中边角破损问题,使用定制钢板保护装置,内嵌柔性材料,可有效保护梁板端部,避免移梁过程中因磕碰造成的结构破损。

◎ **图片示例**

48 钢箱梁桥面板无落地式现浇支架

◎ **名称**

钢箱梁桥面板无落地式现浇支架

◎ **经验做法**

传统钢箱梁桥面板浇筑时需要搭设落地钢管支架，钢管支架用量大，跨越河流时须临时改变河道解决钢管支架搭设落地问题。钢箱梁桥面板现浇采用无落地式现浇支架，解决了跨越河道须搭设钢管支架的难题，安装方便、节省支架、提高效率。

◎ **图片示例**

49 钢箱梁桥面铺装支吊组合

◎ **名称**

钢箱梁桥面铺装支吊组合

◎ **经验做法**

简支钢箱梁桥面铺装施工过程中创新支吊组合,在两箱梁间设置双拼工字钢,利用工字钢和精轧螺纹钢从上方提拉住模板,替代传统模板支撑体系。该工法操作简单,施工快捷,经济效益显著。

◎ **图片示例**

50　桥梁护栏模板拆装台车

◎ **名称**

桥梁护栏模板拆装台车

◎ **经验做法**

桥梁护栏模板拆装台车将模板形成整体,降低了模板接缝间错台控制的难度。作业人员进行外侧模板定位和穿心拉杆安装时在台车前端永久的平台上作业,平台上设有防护栏杆,有效降低施工安全风险。

◎ **图片示例**

51 桥面铺装双系统激光摊铺机

◎ **名称**

桥面铺装双系统激光摊铺机

◎ **经验做法**

在激光摊铺机上安装超声波控制系统，实现摊铺机双系统运行，通过激光与超声波双控，有效控制标高、横坡、平整度等关键指标，可显著提高桥面铺装质量。

◎ **图片示例**

52 混凝土护栏自动喷淋养护台车

◎**名称**

混凝土护栏自动喷淋养护台车

◎**经验做法**

混凝土护栏自动喷淋养护台车采用全智能化设计，根据护栏长度设定行走时间，通过感应装置及自动控制系统驱动，对护栏顶面及内外侧面进行自动喷淋，解决了养护不到位问题，大幅提高养护质效，节约养护成本。

◎**图片示例**

53 新型混凝土护栏自动喷淋养护装置

◎**名称**

新型混凝土护栏自动喷淋养护装置

◎**经验做法**

采用新型混凝土护栏自动喷淋养护装置代替传统人工养护方式，可使土工布始终处于湿润状态，减少因养护不及时产生的裂缝，有效提升混凝土护栏的养护质量，显著加快混凝土强度上升速度。

◎**图片示例**

54　全自动压轮式钢筋调直机

◎ **名称**

全自动压轮式钢筋调直机

◎ **经验做法**

采用全自动压轮式钢筋调直机调直盘螺钢筋，可保证钢筋调直过程中直线形轮压，避免钢筋扭曲，减少钢筋调直过程损伤，提高钢筋加工质量。

◎ **图片示例**

55 智能前卡式千斤顶

◎ **名称**

智能前卡式千斤顶

◎ **经验做法**

智能前卡式千斤顶具有操作简单、方便快捷的特点。该设备将工具锚内置，有效地节省了千斤顶张拉所需的空间，适合狭小空间的张拉作业，提升工人拆装工具夹片工效的同时可节约钢绞线用量。

◎ **图片示例**

56　预应力钢绞线整体穿束台车

◎ **名称**

预应力钢绞线整体穿束台车

◎ **经验做法**

预应力钢绞线整体穿束台车可实现整体穿束，避免了单根穿束引起钢绞线相互缠绕、无序缠绕而导致的钢绞线受力不均的问题，提高了钢绞线整体穿束效率和质量，降低了劳动强度，节省了人工成本。

◎ **图片示例**

57 现场钢筋存放工点标准化

◎**名称**

现场钢筋存放工点标准化

◎**经验做法**

为落实工点标准化建设,现场钢筋存放实施标准化管理,保护半成品钢筋不受雨淋、暴晒损伤,采用移动便捷、伸缩自如和具有拼接组合功能的防雨棚进行标准化保护。

◎**图片示例**

58 非开孔型混凝土护栏模板

◎ **名称**

非开孔型混凝土护栏模板

◎ **经验做法**

为增加混凝土护栏模板强度,防止模板变形,采用非开孔型混凝土护栏模板,既避免了对拉螺栓孔的处理,又解决了重复钻孔造成模板循环利用率低的问题。

◎ **图片示例**

59 盘扣式支撑体系

◎ **名称**

盘扣式支撑体系

◎ **经验做法**

盘扣式支撑体系是具有自锁功能的直插式新型钢管脚手架,主要构件包括立杆和横杆,盘口节点结构合理,立杆轴向传力。该支撑体系三维空间结构强度高、整体稳定性好并具有可靠的自锁功能,有效提高架体的整体稳定强度和安全度,显著提升施工安全水平。

◎ **图片示例**

60　中小跨径桥梁 PUC[1] 材料无缝伸缩

◎ **名称**

中小跨径桥梁 PUC 材料无缝伸缩

◎ **经验做法**

中小跨径桥梁 PUC 材料无缝伸缩技术是一种安全可靠、性价比高、绿色环保的桥梁无缝化关键技术。在伸缩缝中采用装配式预拉拼接施工，实现了伸缩缝全寿命非开挖维护，最大限度减少了封路时间。

◎ **图片示例**

---

[1] PUC：聚氯乙烯改性塑料。

61 主桥施工监控中心

◎ **名称**

主桥施工监控中心

◎ **经验做法**

主桥施工监控中心通过智能步履式顶推远程控制系统、远程无线视频喊话系统、北斗定位及远程无线应力监测系统的多方位应用,实现了施工过程更可视、施工指令更畅通、施工监测更智能、施工安全更可控的管理目标。

◎ **图片示例**

62　激光除锈仪

◎**名称**

激光除锈仪

◎**经验做法**

激光除锈仪工作效率高,除锈精准度高、效果好,能够迅速将锈蚀物分解并清除,节省时间和人工成本,同时可避免传统的机械除锈可能带来的基材损伤问题。

◎**图片示例**

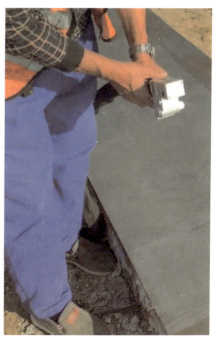

63 混凝土护栏不锈钢复合模板

◎ **名称**

混凝土护栏不锈钢复合模板

◎ **经验做法**

混凝土护栏模板采用不锈钢复合模板（5mm 普通钢板 +1mm 不锈钢板），整体刚度大，有效解决了因模板变形锈蚀导致的质量缺陷和混凝土外观质量差的问题。

◎ **图片示例**

64　混凝土护栏顶面收浆工艺

◎ **名称**

混凝土护栏顶面收浆工艺

◎ **经验做法**

混凝土护栏浇筑完成后，采用三次收面工艺，先用木抹子对护栏顶面进行1~2遍粗平，混凝土初凝前进行不少于2次精平和收光处理，护栏成型后顶面光洁、线形顺畅。

◎ **图片示例**

65 桥面铺装抛丸凿毛

◎ **名称**

桥面铺装抛丸凿毛

◎ **经验做法**

采用大型抛丸凿毛设备，凿除桥面铺装浮浆后外露集料，形成 4~6mm 自然凹凸粗糙面，用高压水枪冲洗干净，铺装表面平整、粗糙、清洁。

◎ **图片示例**

66 桥梁工程红蓝码验收

◎ **名称**

桥梁工程红蓝码验收

◎ **经验做法**

桥梁工程施工完成后，施工单位对混凝土强度、钢筋保护层厚度、钢筋间距、断面尺寸、外观质量等指标逐一完成自检，自检合格后由监理单位按照规范或设计文件要求进行验收，验收合格后在梁板长度方向中间位置，距翼板底面 20~30cm 处加盖验收章。

◎ **图片示例**

第四部分

隧道工程

本部分共收录隧道工程经验做法22个，分别为凿岩台车、电动装载机、湿喷机械手、自行式液压仰拱栈桥、二衬台车混凝土自动布料和带模注浆系统、二衬混凝土专用养护台车、二衬边墙凿毛机、新时代隧道产业工人安全培训宣教片、隧道智能预警系统、隧道二衬纳米瓷涂料、隧道门禁＋人员定位系统、隧道洞口喷淋降尘系统、隧道洞口阻波墙、隧道钢拱架安装调节装置、隧道初支变形自动化监测、有害气体监测自动报警装置、仰拱钢筋定位装置、隧道防水作业台架智能灭火系统、隧道镭射灯、二衬混凝土防脱空监测系统、二衬标准化施工工序延展、隧道洞口减光棚。

通过以上经验做法的应用，保障了隧道施工安全，提升了隧道工程钢筋安装、混凝土脱空等质量控制水平，同时为实现"机械化减人，自动化换人，智能化无人"目标打下坚实基础，促进了隧道工程技术的不断进步和创新。

01　凿岩台车

◎ **名称**

凿岩台车

◎ **经验做法**

洞身开挖采用凿岩台车，取代传统的人工风枪开挖方式。根据炮眼布置图有序钻孔，每孔钻完后，采用凿岩台车自带的洗孔装置，用高压水清孔，大大提高钻孔爆破效率，有效减少掌子面作业人员数量，实现本质安全。

◎ **图片示例**

02　电动装载机

◎ **名称**

电动装载机

◎ **经验做法**

新能源电动装载机具有操作方便、维护简单、能耗低、噪声小等特点，应用于隧道出渣作业，可有效降低隧道内空气污染，改善施工作业环境。

◎ **图片示例**

03　湿喷机械手

◎ **名称**

湿喷机械手

◎ **经验做法**

采用混凝土湿喷机械手进行喷浆作业，具有机械化程度高、工作效率高、自动化程度高等特点，可避免掌子面石块和反弹料掉落伤人，减少粉尘危害，解决人力喷射平整度差、回弹率大等问题。

◎ **图片示例**

04　自行式液压仰拱栈桥

◎ **名称**

自行式液压仰拱栈桥

◎ **经验做法**

自行式液压仰拱栈桥跨度较大，提供较为充裕的桥下作业空间，便于仰拱一次性浇筑，减少施工缝的产生；栈桥自带动力和行走装置，可方便行走，无须机械拖拽，更安全可靠。

◎ **图片示例**

05　二衬台车混凝土自动布料和带模注浆系统

◎ **名称**

二衬台车混凝土自动布料和带模注浆系统

◎ **经验做法**

利用自动布料设备，将混凝土向台车两侧各层布料口分料，实现混凝土带压入仓、由低向高分层浇筑，解决了隧道二衬台车作业平台狭窄空间布料难题，同时可在初凝前对拱顶进行注浆处理，保证拱顶混凝土密实。

◎ **图片示例**

06　二衬混凝土专用养护台车

◎ **名称**

二衬混凝土专用养护台车

◎ **经验做法**

根据隧道断面尺寸定制可移动式隧道二衬混凝土专用养护台车,在台车上安装环向供水管道及喷淋水阀,利用高压水泵喷射水雾至二衬混凝土表面,有效提高混凝土养护质量。

◎ **图片示例**

07　二衬边墙凿毛机

◎ **名称**

二衬边墙凿毛机

◎ **经验做法**

应用隧道二衬边墙凿毛机进行凿毛，较传统凿毛方式有效提高工作效率，保证凿毛效果，增加二衬边墙与电缆沟黏结强度，提高施工质量。

◎ **图片示例**

08 新时代隧道产业工人安全培训宣教片

◎**名称**

新时代隧道产业工人安全培训宣教片

◎**经验做法**

该宣教片详细展示隧道安全标准化施工的全过程，且采用实地取景拍摄，具有较强的指导性和可操作性，对防范隧道事故发生、提升项目本质安全水平具有积极作用。

◎**图片示例**

09　隧道智能预警系统

◎ **名称**

隧道智能预警系统

◎ **经验做法**

集成三维激光雷达等技术,实施公路隧道多维施工数据信息自动获取、实时传输、批量预处理,基于三维点云信息,建立隧道施工信息的组合分类器,实现了隧道施工中钢拱架、初衬和二衬厚度等关键参数的智能判别、预警。

◎ **图片示例**

10 隧道二衬纳米瓷涂料

◎ **名称**

隧道二衬纳米瓷涂料

◎ **经验做法**

纳米瓷涂料是新型环保材料,具备附着力高、耐冲击力强、硬度好、防腐蚀、自洁性强的特点,较传统二衬装饰板具有明显成本优势。隧道二衬喷涂纳米瓷涂料,墙面反射率提升3倍以上,亮度大幅提升。此外,纳米瓷涂料具有防火阻燃加隔热功能,碳化不产烟,发生火灾事故时不会造成二次伤害。

◎ **图片示例**

11　隧道门禁+人员定位系统

◎ **名称**

隧道门禁+人员定位系统

◎ **经验做法**

隧道洞口安装门禁+人员定位系统，对机械设备和人员分设进出口，通过人脸识别和安全帽设置定位芯片等方式监测人员进出并实时显示人员位置，在遏制超定员生产、事故应急救援、洞内作业人员考勤定位等方面发挥着重要作用。

◎ **图片示例**

12　隧道洞口喷淋降尘系统

◎ **名称**

隧道洞口喷淋降尘系统

◎ **经验做法**

隧道洞口位置利用管棚导向墙设置环形喷淋设施，利用高压水泵为喷淋设施供水，喷洒水雾，在隧道口形成水雾帷幕，可有效减少隧道内烟尘外溢，起到降尘抑尘作用。

◎ **图片示例**

13　隧道洞口阻波墙

◎ **名称**

隧道洞口阻波墙

◎ **经验做法**

隧道洞口爆破施工采用阻波墙,有效减少了爆破振动对周围环境的影响,保护周边建筑物和施工人员,避免因爆炸能量冲击碎石造成伤害。

◎ **图片示例**

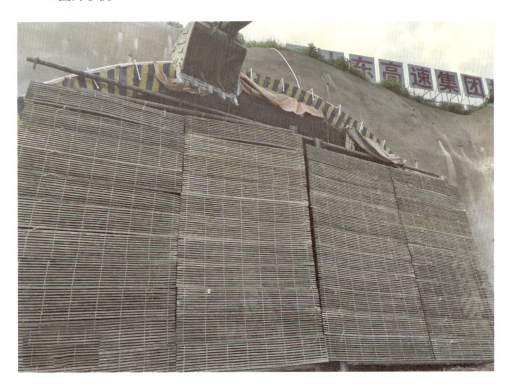

14 隧道钢拱架安装调节装置

◎ **名称**

隧道钢拱架安装调节装置

◎ **经验做法**

自制隧道钢拱架安装调节装置，具有结构简单、支撑可靠、安全省力、调节方便、费用低廉等特点，可快速完成钢拱架各单元的拼接，大幅提高作业效率、降低施工成本。

◎ **图片示例**

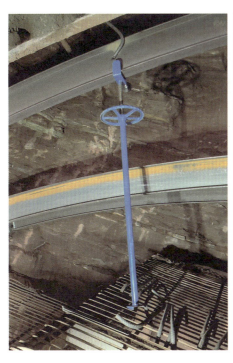
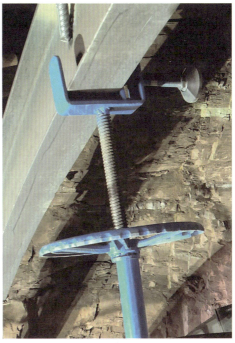

15 隧道初支变形自动化监测

◎ **名称**

隧道初支变形自动化监测

◎ **经验做法**

通过自动化全站仪每 19s 采集洞顶沉降以及周边围岩收敛数据，实时监测洞内围岩变形，异常情况及时预警。消除了测量过程中的人为误差，提高了隧道监测效率，保证隧道施工安全。

◎ **图片示例**

16　有害气体监测自动报警装置

◎ **名称**

有害气体监测自动报警装置

◎ **经验做法**

在隧道台车安装有害气体监测自动报警装置，当隧道内甲烷、一氧化碳、硫化氢等有害气体含量超标时自动报警，工人可以及时撤离，保证安全。

◎ **图片示例**

17　仰拱钢筋定位装置

◎ **名称**

仰拱钢筋定位装置

◎ **经验做法**

仰拱钢筋在洞外预加工，使用定位装置安装固定；卡具槽口的尺寸大于钢筋直径 2mm，两端由限位装置固定。提高了衬砌钢筋的安装质量。

◎ **图片示例**

18　隧道防水作业台架智能灭火系统

◎ **名称**

隧道防水作业台架智能灭火系统

◎ **经验做法**

该智能灭火系统主要包括红外感应探头、智能水炮、储水箱、水泵、管道、手动喷头、控制箱及电源。通过 360°红外感应探头，及时识别锁定火源，自动喷水灭火；也可通过安装在作业台架各层的手动喷头实施人工喷水灭火。

◎ **图片示例**

19 隧道镭射灯

◎ **名称**

隧道镭射灯

◎ **经验做法**

镭射灯具有颜色鲜艳、亮度高、指向性好等特点，并可根据实际需要定制安全警示标识或宣传标语，营造安全生产氛围，大大提高隧道内施工作业人员安全意识。

◎ **图片示例**

20　二衬混凝土防脱空监测系统

◎ **名称**

二衬混凝土防脱空监测系统

◎ **经验做法**

通过在衬砌层间预埋分布式压密传感器,主动监测浇筑质量,结合带模注浆技术,实现衬砌脱空部位的精准注浆与快速处治,有效解决隧道衬砌脱空问题。

◎ **图片示例**

21 二衬标准化施工工序延展

◎ **名称**

二衬标准化施工工序延展

◎ **经验做法**

二衬标准化施工工序延展包括两段一区，即初期支护施工合格段、复合式防水层及钢筋绑扎施工合格段和二衬混凝土施工作业区。施工按两段一区为一单元循环推进，提高施工效率，强化隐蔽工程验收，保证二衬施工质量。

◎ **图片示例**

22 隧道洞口减光棚

◎**名称**

隧道洞口减光棚

◎**经验做法**

基于视觉适应性的隧道洞口减光棚设计，减少隧道黑白洞效应，提高隧道内通行效率，降低隧道洞口行车事故发生概率。利用减光棚代替隧道入口段照明，节省运营期电力费用。

◎**图片示例**

第五部分

附属工程

本部分共收录附属工程经验做法14个，分别为急流槽"八字口"预制安装、中央分隔带开口处端头路缘石预制安装、隔离栅基础集中预制、乔木规格快速检测装置、路缘石防侧移背带加固、UHPC[1]隧道复合盖板、高分子隧道边沟盖板、UHPC道路边沟盖板、UHPC路缘石、HPC[2]薄壁空心路缘石、花岗岩路缘石、干硬性混凝土小型预制构件、新型隔离栅、波形钢护栏红蓝码验收等。

通过以上经验做法的应用，提升了附属工程急流槽安装、隔离栅安装、乔木规格检测、路缘石安装等施工质量和工作效率，有效解决了隔离栅、路缘石安装线形不顺直问题。

---

[1] UHPC：超高性能混凝土。
[2] HPC：高性能混凝土。

01　急流槽"八字口"预制安装

◎ 名称

急流槽"八字口"预制安装

◎ 经验做法

路堤边坡急流槽"八字口"根据设计尺寸，采用定型模具预制加工，现场拼装。尺寸及线形标准可控并与路缘石平滑顺接，安装方便，线形圆滑、美观。

◎ 图片示例

02　中央分隔带开口处端头路缘石预制安装

◎名称

中央分隔带开口处端头路缘石预制安装

◎经验做法

根据中央分隔带开口处端头路缘石设计图纸尺寸，按照一定尺寸比例进行拆解，采用定型路缘石模具预制，现场拼装，尺寸及线形标准可控并与路缘石平滑顺接，安装方便，线形圆滑、美观。

◎图片示例

03　隔离栅基础集中预制

◎ **名称**

隔离栅基础集中预制

◎ **经验做法**

隔离栅基础现浇施工，存在尺寸不易控制、施工难度大等缺点。隔离栅基础采用定型模板集中预制，既保证了施工质量，又便于现场安装，提高了施工速度，同时方便调整隔离栅线形，确保了隔离栅顺直美观。

◎ **图片示例**

04　乔木规格快速检测装置

◎ **名称**

乔木规格快速检测装置

◎ **经验做法**

因中分带种植苗木数量较多，冠径与冠幅检测若使用尺量则较为不便，费时费力。根据苗木冠径、冠幅设计要求，使用杆件做成冠径、冠幅快速检测装置，直接支立于苗木位置检测苗木规格。

◎ **图片示例**

05　路缘石防侧移背带加固

◎名称

路缘石防侧移背带加固

◎经验做法

为防止路面施工中压路机碾压边部造成路缘石侧移，路缘石安装完成后，在其背面浇筑一条混凝土三角背带进行加固，确保路缘石线形平顺。

◎图片示例

06　UHPC 隧道复合盖板

◎**名称**

UHPC 隧道复合盖板

◎**经验做法**

UHPC 隧道复合盖板是一种轻质、高韧、高耐久的新型隧道盖板，外形美观，抗冻性好，防火等级高，不易掉角破损。隧道线缆沟、边沟应用该盖板，全寿命周期成本更低，具有良好的社会效益和经济效益。

◎**图片示例**

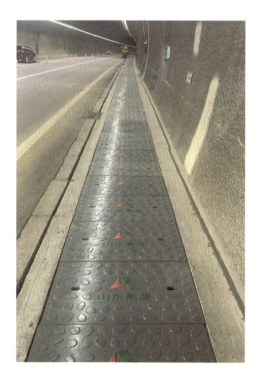

07　高分子隧道边沟盖板

◎ **名称**

高分子隧道边沟盖板

◎ **经验做法**

隧道边沟高分子盖板采用高分子合成材料，配以钢筋骨架，经高温模压成型，具有强度高、重量轻、耐候性强、耐腐蚀等特点，重量仅为铸铁或混凝土材质的三分之一左右，能在 –50 ~ +150℃正常使用。

◎ **图片示例**

08　UHPC 道路边沟盖板

◎ **名称**

UHPC 道路边沟盖板

◎ **经验做法**

UHPC道路边沟盖板具有成本低、质量轻、耐久性好、运输及安装简便的特点。适用于高速公路道路两侧排水边沟，在提高盖板使用寿命的同时大大降低材料成本、运输成本和安装成本。

◎ **图片示例**

09　UHPC 路缘石

◎ **名称**

UHPC 路缘石

◎ **经验做法**

薄壁中空 UHPC 路缘石具有结构致密、轻质、高强、高耐久、高抗渗性、高抗冻性等特点，空隙率可达 70%。其轻量化的设计可减少运输、装修和养护成本，有效提升工程质量。

◎ **图片示例**

10　HPC 薄壁空心路缘石

◎ 名称

HPC 薄壁空心路缘石

◎ 经验做法

HPC 高性能长耐久型薄壁空心路缘石具有结构重量轻、耐腐蚀、抗冻融的特性，较传统路缘石减重 70%，并可降低全寿命周期成本 30% 以上。

◎ 图片示例

冻融实验

将普通混凝土路缘石和长耐久型路缘石同时浸泡在 3% 氯化钠溶液内，在 -18℃ 环境下连续冻融 20 个循环，**普通混凝土路缘石表面剥落严重，长耐久型薄壁路缘石完好无损。**

注：上为实验后普通混凝土路缘石，下为实验后长耐久型薄壁路缘石。

11　花岗岩路缘石

◎ **名称**

花岗岩路缘石

◎ **经验做法**

花岗岩路缘石原料取自天然石材，采用切割技术制作，尺寸精度高，较之混凝土路缘石具有强度高、耐腐蚀、耐久性强等特点，不易损坏，大大降低养护成本。

◎ **图片示例**

12 干硬性混凝土小型预制构件

◎ **名称**

干硬性混凝土小型预制构件

◎ **经验做法**

采用混凝土压制设备生产小型预制构件，尺寸和形状的稳定性较高，确保了材料内部结构的紧密性和均匀性，进而增强了构件的强度、耐久性（如抗冻融效果比较好，冬季撒冻溶剂对表面影响较小）和稳定性。

◎ **图片示例**

13　新型隔离栅

◎ **名称**

新型隔离栅

◎ **经验做法**

新型隔离栅采用玻璃纤维复合材料或玄武岩纤维增强复合材料制成，具有抗冲击性强、耐腐蚀性高、不易生锈褪色、使用寿命长等特点。使用过程中不会分解释放任何有害物质，较生产同等规格铁丝网成本低，且安装简单。

◎ **图片示例**

14　波形钢护栏红蓝码验收

◎ **名称**

波形钢护栏红蓝码验收

◎ **经验做法**

交安工程施工完成后，施工单位对波形梁板基底金属与镀锌层厚度、横梁中心高度、护栏螺栓安装缺失情况、护栏板压茬方向指标等逐一完成自检，自检合格后由监理单位按照规范或设计文件要求进行验收，验收合格后在护栏板背面端头 5cm 范围内加盖验收章。

◎ **图片示例**

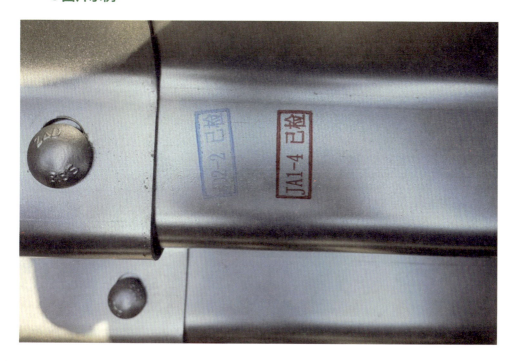

第六部分

两区三场

  本部分共收录两区三场工程经验做法 28 个，分别为场站工人产业园、场站防尘降尘系统、水稳料振动式搅拌、场站环境监测系统、场站验料平台和样品比对箱、钢筋加工智能数控设备、钢筋加工场标准件展示区、拌和站上料斗脉冲除尘器、料仓地暖装置、料仓防铲底装置、装载机防铲底料斗、BIM[❶]技术在场站规划中的应用、智慧梁场管理平台、预制梁板装配式台座、预制箱梁移动台座、整体式节能型箱梁养护棚、自动伸缩式喷淋养护系统、自行式整体液压箱梁模板、梁板检梁平台、集料自动取样检测系统、粗集料除尘筛砂机、焊接机器人、砂石料检测单人取料车、混凝土回收砂石分离机、数字化养护棚、子母式移动钢筋绑扎棚、钢筋笼双箍筋新型放线架、关键材料 AB 库管控等。

  通过应用以上经验做法，梁板预制实现了生产过程的可视化管理、数字化养护，集料取样检测实现了自动化控制，钢筋工程实现了智能化加工、工厂化配送，有效保障了原材料、半成品及构配件施工质量，为"平安百年品质工程"建设及绿色低碳发展奠定了坚实基础。

---

❶ BIM：建筑信息模型。

01 场站工人产业园

◎ **名称**

场站工人产业园

◎ **经验做法**

在场站打造集进场登记、健康体检、多媒体理论教学考试、实操培训考核、安全体验、VR[1]体验、住宿、办公等功能于一体的工人产业园。

◎ **图片示例**

[1] VR：虚拟现实。

02 场站防尘降尘系统

◎ **名称**

场站防尘降尘系统

◎ **经验做法**

在拌和站料仓大棚顶部、门口安装智能喷淋装置，有效抑制密闭空间内粉尘扩散。破碎机安装配有集尘袋的除尘器，实现源头降尘，减少对周围环境的污染。

◎ **图片示例**

03 水稳料振动式搅拌

◎ **名称**

水稳料振动式搅拌

◎ **经验做法**

水泥稳定碎石拌和应用振动搅拌技术，采用叶片强制搅拌与振动作用相结合的方式，提高拌和效率，短时间内混合料即可拌和均匀，提高水泥稳定碎石料的搅拌质量和工作性能。

◎ **图片示例**

第六部分　两区三场

04　场站环境监测系统

◎ **名称**

场站环境监测系统

◎ **经验做法**

场站环境监测系统可实时监测并通过屏幕显示温度、湿度、PM2.5、PM10、风力、风向、噪声等环境指标，并将监测数据同步传输至云平台进行存储、分析。该系统可与雾炮、喷淋等设备智能控制联动，扬尘指标超限时喷淋降尘系统自动启动。

◎ **图片示例**

149

05　场站验料平台和样品比对箱

◎ **名称**

场站验料平台和样品比对箱

◎ **经验做法**

拌和站配备验料平台和样品比对箱,试验人员可通过验料平台取样检验,通过目测等方式对进场原材料与样品比对箱中材料进行初步比对,便于砂石料进场外观质量检验。

◎ **图片示例**

06　钢筋加工智能数控设备

◎ **名称**

钢筋加工智能数控设备

◎ **经验做法**

钢筋加工应用智能数控设备，采用钢筋数控弯曲机、弯箍机、锯切套丝一体机、滚焊机等设备，提高钢筋加工的精度和效率，数控设备可实现钢筋加工尺寸高精度控制，有效提升结构物钢筋保护层厚度合格率。

◎ **图片示例**

07　钢筋加工场标准件展示区

◎**名称**

钢筋加工场标准件展示区

◎**经验做法**

钢筋加工场设置钢筋标准件展示区，悬挂钢筋大样图，分类展示钢筋加工标准件，明确钢筋加工及验收标准，便于作业人员现场对照，可有效提升作业人员质量意识。

◎**图片示例**

08　拌和站上料斗脉冲除尘器

◎ **名称**

拌和站上料斗脉冲除尘器

◎ **经验做法**

拌和站上料斗安装脉冲除尘器，采用分室停风脉冲喷吹清灰技术，可有效除尘。该设备具有除尘净化效率高、集尘量大、滤袋寿命长、性能稳定、能耗低、操作方便等优点。

◎ **图片示例**

09　料仓地暖装置

◎ **名称**

料仓地暖装置

◎ **经验做法**

在拌和站砂石料仓设置地暖管,冬期施工期间,通过热循环水,可以对料仓内砂石料快速加热,保持砂石料干燥和稳定,满足冬季施工方案温度要求,有利于提高混凝土质量。

◎ **图片示例**

10　料仓防铲底装置

◎ **名称**

料仓防铲底装置

◎ **经验做法**

建设拌和站料仓时，在料仓混凝土地面每间隔1.5m设置一道钢管或角钢，可有效解决装载机铲起清仓线以下底料的问题。

◎ **图片示例**

11 装载机防铲底料斗

◎ **名称**

装载机防铲底料斗

◎ **经验做法**

对料仓内装载机料斗进行改造加工,在料斗底部均匀焊接铲料高度限制装置,有效解决装载机铲起清仓线以下底料的问题。

◎ **图片示例**

12　BIM技术在场站规划中的应用

◎ **名称**

BIM技术在场站规划中的应用

◎ **经验做法**

通过建立BIM模型，规划场站各功能区，综合分析可能产生的冲突问题，对规划方案中的空间冲突进行量化分析，调整场站布局，完善规划方案。

◎ **图片示例**

13 智慧梁场管理平台

◎ **名称**

智慧梁场管理平台

◎ **经验做法**

智慧梁场管理平台具有多端协同、数据共享、实时互动等特点，可实现全过程跟踪、全要素追溯的目标，有效保障生产进度，降低生产成本，合理利用资源，确保工程质量。

◎ **图片示例**

14 预制梁板装配式台座

◎**名称**

预制梁板装配式台座

◎**经验做法**

预制梁板台座采用装配式钢结构，将自动喷淋、蒸养管道及电缆等附属设施集成安装到底模下方，具有安装工期短、可周转使用的优点，且能有效提升现场文明施工水平。

◎**图片示例**

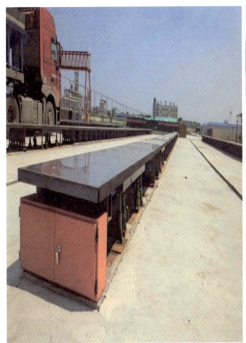

15 预制箱梁移动台座

◎**名称**

预制箱梁移动台座

◎**经验做法**

预制箱梁移动台座可实现流水化作业，按照施工工序，移动台座沿钢筋绑扎区（采用胎架法整体成型及吊装技术）、混凝土浇筑区、养护区、预应力张拉区方向移动，实现了减人增效，显著减少梁场占地。

◎**图片示例**

16　整体式节能型箱梁养护棚

◎**名称**

整体式节能型箱梁养护棚

◎**经验做法**

整体式箱梁养护棚利用立杆、顶杆、斜撑和纵杆等空心方钢组成框架，安装日光瓦形成密闭结构，日光照射下养护棚自行升温，可满足冬季施工养护温度要求，抗风、保温、保湿效果好并可周转利用。

◎**图片示例**

17　自动伸缩式喷淋养护系统

◎ **名称**

自动伸缩式喷淋养护系统

◎ **经验做法**

在预制梁板底座中预埋伸缩旋转喷头，通过手机 APP 设置喷淋时间间隔、时长等参数，实现自动喷淋养护，提高养护效率、节省人工成本，确保了箱梁养护质量。

◎ **图片示例**

18　自行式整体液压箱梁模板

◎ **名称**

自行式整体液压箱梁模板

◎ **经验做法**

自行式整体液压箱梁模板通过电动液压系统实现自动支模和脱模，配合手动螺旋丝杆对外模精确定位，并配置轨道式电动行走系统，实现模板纵向整体移动，具有拆模后梁板外观质量高、效率高、安全风险低的优点。

◎ **图片示例**

19 梁板检梁平台

◎ **名称**

梁板检梁平台

◎ **经验做法**

预制梁场设置检梁平台,将待检梁板放置在检梁平台上,既方便试验人员进行梁板底板检测,又降低了底板检测时的安全风险。

◎ **图片示例**

20　集料自动取样检测系统

◎ **名称**

集料自动取样检测系统

◎ **经验做法**

集料自动取样检测系统可对砂石料自动取样，并对含水率、含泥量、级配、针片状颗粒含量等指标进行检测。取样时间快，检测时间短，数据实时上传平台，方便后期质量追溯，且可有效降低试验人员工作强度和作业风险。

◎ **图片示例**

21 粗集料除尘筛砂机

◎ **名称**

粗集料除尘筛砂机

◎ **经验做法**

粗集料除尘筛砂机主要用于混凝土拌和站，可有效去除粗集料中的粉尘，确保粗集料含泥量指标合格，保证混凝土质量。

◎ **图片示例**

22　焊接机器人

◎ **名称**

焊接机器人

◎ **经验做法**

焊接机器人可以实现钢筋焊接的自动化生产，操作人员只需设置焊接作业相关参数，即可进行自动化焊接工作，提高作业效率，并通过传感器实时监测，提高焊接质量，实现机械化换人、自动化减人。

◎ **图片示例**

23　砂石料检测单人取料车

◎ **名称**

砂石料检测单人取料车

◎ **经验做法**

砂石料检测单人取料车采用焊接钢筋骨架，顶部加装漏斗，侧面为合页折叠结构，便于完成取样后取出样品，车身张贴安全警示标志、加装夜间警示灯，降低取样过程的安全风险，且具有轻便、灵活的特点。

◎ **图片示例**

24 混凝土回收砂石分离机

◎ **名称**

混凝土回收砂石分离机

◎ **经验做法**

通过混凝土回收砂石分离机,将初凝前的混凝土余料或不合格混凝土分离为单独的砂、石,可重复作为临建工程混凝土原材料,达到节约能源、实现可持续发展和环境保护目的。

◎ **图片示例**

25　数字化养护棚

◎ **名称**

数字化养护棚

◎ **经验做法**

预制箱梁采取数字化养生棚集中养护,具备全天候、全自动、全覆盖优势,可根据养护情况自动调整喷淋周期,避免人工养护不到位的问题,能够确保养护周期内达到稳定、最佳的保湿效果。

◎ **图片示例**

26 子母式移动钢筋绑扎棚

◎ **名称**

子母式移动钢筋绑扎棚

◎ **经验做法**

子母式移动钢筋绑扎棚主要用于空心板钢筋绑扎区，主体为铝合金结构，顶部、侧部铺设彩钢瓦和透光玻璃瓦，可根据现场需求，将钢筋绑扎棚全部展开或部分使用，有效降低空间占用，具有作业空间可调、循环使用的优点。

◎ **图片示例**

27 钢筋笼双箍筋新型放线架

◎ **名称**

钢筋笼双箍筋新型放线架

◎ **经验做法**

钢筋笼双箍筋新型放线架由基座和支撑架构成,支撑架通过中间处的横向固装轴杆和夹扣竖直固定在基座上,盘螺钢筋调直后缠绕至支撑架上,配合滚焊机使用,有效避免放线架易倾倒和双箍筋不紧密问题,实现钢筋笼精细化加工。

◎ **图片示例**

28　关键材料 AB 库管控

◎ **名称**

关键材料 AB 库管控

◎ **经验做法**

将产品质量不稳定、质量控制难度大的混凝土外加剂、压浆料、木质纤维素等关键材料纳入关键材料库（A、B库模式，即合格库和待检库）管理，统筹材料用量、使用周期等因素，通过收集、分析出入库数据，有效减少材料进场批次，提高材料质量的稳定性。

◎ **图片示例**

第七部分

改扩建交通组织

本部分共收录改扩建交通组织工程经验做法 5 个，分别为基于数字孪生的交通组织数字化交底、"一路多方"应急联动工作机制、亮闪警示走廊、收费站潮汐通道、交通封闭导改调流"4+4+1"工作法等。

通过以上经验做法的应用，系统提炼了改扩建项目交通组织的"方法论"，为改扩建项目交通组织工作提供了可借鉴、可复制的工作经验和案例。

01 基于数字孪生的交通组织数字化交底

◎ **名称**

基于数字孪生的交通组织数字化交底

◎ **经验做法**

基于多源数据挖掘的区域路网精细化分流、仿真模拟技术的施工区安全性评价及虚幻引擎开发的数字化模拟，形成交通组织数字化交底技术体系，直观展示交通组织导改效果。

◎ **图片示例**

导改段车流展示

匝道封闭信息

路网分流结果

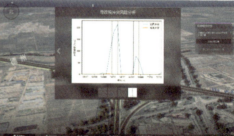

安全评价结果

02 "一路多方"应急联动工作机制

◎ **名称**

"一路多方"应急联动工作机制

◎ **经验做法**

构建交警、路政、运管、建设等单位组成的"一路多方"应急联动工作机制，通过建立联勤联动工作群，设置救援点、保通队，加强保通巡查，协同组织应急演练，显著提高应急救援处置能力，全方位保障改扩建项目建设及运营安全。

◎ **图片示例**

03　亮闪警示走廊

◎ **名称**

亮闪警示走廊

◎ **经验做法**

行驶侧打造亮闪警示走廊。在导改口设置路灯、黄色LED灯带,形成照明走廊,进行视觉引导;同时,通过设置警示标牌、警示灯光、高音号角、横向振动标线,多维度警示,保障高速公路导改口位置车辆的行车安全。

◎ **图片示例**

第七部分　改扩建交通组织

04　收费站潮汐通道

◎ **名称**

收费站潮汐通道

◎ **经验做法**

为减少改扩建封闭施工对车辆通行的影响，降低收费站车辆通行压力，根据实际情况，将原有 ETC[①] 通道改造为"可入可出"的 ETC 潮汐通道，结合出、入口车流量实时调节，出行车辆根据提示标志有序通行，显著提升通行效率。

◎ **图片示例**

---

① ETC：电子不停车收费。

05 交通封闭导改调流"4+4+1"工作法

◎ **名称**

交通封闭导改调流"4+4+1"工作法

◎ **经验做法**

本工作法分为三个阶段：封路准备期,形成工作清单、联动指南、"封闭公告"视频、信息发布群；封路前,邀请有关单位现场指导、桌面推演、安全技术交底和培训；封路后,组织"一路多方"联动联席会议,营造安全稳定的通行环境。

◎ **图片示例**

第八部分

安全环保及文明施工

本部分共收录安全环保及文明施工工程经验做法 28 个，分别为便道喷淋系统、环保抑尘剂、焊烟除尘器、应急逃生杆、自动洗车平台、机械指挥官管理系统、起重设备安全可视化监控系统、生物燃料、机械设备作业半径电子警示、多媒体安全教育工具箱、汽车起重机支腿限位合格标签、智慧消防火灾报警系统、设备信息"二维码"、红外感应语音提示器、智能风速报警仪、安全体验馆、钢管桩围堰变形监测、安全爬梯门禁系统、桩基孔口防护篦子、桥面系施工电缆挂钩、横隔板施工折叠式吊篮、门式起重机遥控器密码箱、梁板运输防撞缓冲车、泥浆池双层防护防渗设施、中央分隔带装配式安全通道、墩柱施工安全爬梯、塔式起重机智能监控系统、安全积分超市。

以上经验做法以施工现场安全生产、环境保护为研究对象，紧紧围绕培训教育、安全警示、高处作业、设备智能化管理等方面强化管理，坚持安全环保源头治理、系统治理、精准治理、综合治理的理念，深入推进本质安全型、施工绿色型项目建设。

01 便道喷淋系统

◎ **名称**

便道喷淋系统

◎ **经验做法**

施工便道设置喷淋系统,根据路段情况合理设置喷淋管数量和间距,使用手机操控,实现智能化管理,分时段智能喷淋,节省洒水车辆投入,提高了洒水效能,有效减少便道扬尘。

◎ **图片示例**

02　环保抑尘剂

◎ **名称**

环保抑尘剂

◎ **经验做法**

应用无腐蚀、无污染、可生物降解的环保抑尘剂，有效治理裸露土方、边坡施工扬尘，降低物料损耗和粉尘危害，保护施工区域生态环境。

◎ **图片示例**

03　焊烟除尘器

◎ **名称**

焊烟除尘器

◎ **经验做法**

焊烟除尘器通过过滤净化方式对电气焊作业过程中产生的有毒有害气体进行吸收和处理，有效降低空气污染，减少有毒有害气体对操作工人的危害，预防职业病发生。

◎ **图片示例**

04 应急逃生杆

◎ **名称**

应急逃生杆

◎ **经验做法**

工人驻地配备由钢板（避免紧急逃生时人员发生坠落或倾倒）、钢管和反光漆组成的应急逃生杆，钢管四周刷涂反光漆。应急逃生杆提供了一条新的快速逃生通道。

◎ **图片示例**

05　自动洗车平台

◎ **名称**

自动洗车平台

◎ **经验做法**

为有效避免路面污染和车辆带泥上路问题,在施工便道及场站进出口设置自动洗车平台,对各类车辆进行自动冲洗,确保了环保文明施工。

◎ **图片示例**

06 机械指挥官管理系统

◎ **名称**

机械指挥官管理系统

◎ **经验做法**

应用"机械指挥官管理系统"对现场较为分散、型号和功能较为复杂的机械设备进行数字化智能管理,有效监控机械设备油耗、怠速时长、作业台班、运行轨迹等状况,规范高效管理现场机械设备。

◎ **图片示例**

07　起重设备安全可视化监控系统

◎ **名称**

起重设备安全可视化监控系统

◎ **经验做法**

在推行大型起重设备联合验收管理机制的基础上，配置了"五限位＋防碰撞＋吊钩可视化"监控系统，可同时对塔式起重机、100t 以上门式起重机、架桥机安装专用视频监控，进一步强化特种设备的安全管理。

◎ **图片示例**

08 生物燃料

◎ **名称**

生物燃料

◎ **经验做法**

施工现场蒸汽养护采用绿色清洁、价格低廉、热值高的生物燃料，可实现硫排放接近"零"，经测算相比传统煤炭、电力等能源节约成本30%。

◎ **图片示例**

09　机械设备作业半径电子警示

◎**名称**

机械设备作业半径电子警示

◎**经验做法**

机械设备安装灯光系统,展现出回转半径与视线盲区,当人员进入机械作业半径内,触发声音报警系统,提示机械操作手。该声光警示装置能有效明确危险区域,并且时刻对作业人员与机械司机发出警示、提示,安全可靠。

◎**图片示例**

10　多媒体安全教育工具箱

◎ **名称**

多媒体安全教育工具箱

◎ **经验做法**

多媒体安全教育工具箱是集培训、考核等多功能于一体的安全教育设备，解决了实名制登记、培训数据不真实、教育培训监控不全、学习效果无法评估等问题，便于管理人员在现场随时随地展开安全培训工作，有效提高培训质量与效率。

◎ **图片示例**

11 汽车起重机支腿限位合格线标签

◎ **名称**

汽车起重机支腿限位合格线标签

◎ **经验做法**

通过在支腿全部伸出末端部位张贴限位合格线标签，可以直观查看支腿是否全部伸出，便于现场管理人员进行检查，提高起重吊装作业安全性。

◎ **图片示例**

第八部分　安全环保及文明施工

12　智慧消防火灾报警系统

◎ **名称**

智慧消防火灾报警系统

◎ **经验做法**

应用智慧消防火灾报警系统，宿舍内安装烟感器，配合智慧工地 APP，及时发出火灾警报并精确定位险情位置，提醒室内人员及管理人员对险情做出快速反应。

◎ **图片示例**

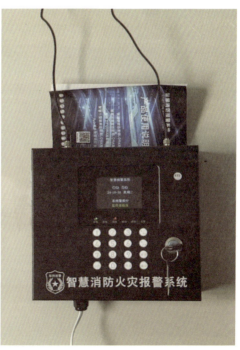

13 设备信息"二维码"

◎ **名称**

设备信息"二维码"

◎ **经验做法**

设备张贴信息"二维码",扫码可直观查看设备管理信息,动态更新设备巡检、维护记录等信息,实现动态管控和信息共享,提高设备安全管理效能。

◎ **图片示例**

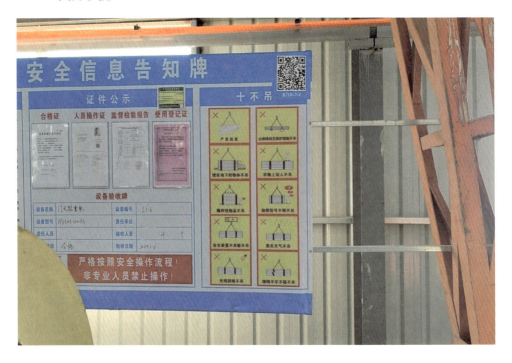

14　红外感应语音提示器

◎ **名称**

红外感应语音提示器

◎ **经验做法**

场站、被交道路口及桥隧施工现场等关键区域安装感应语音提示器，通过温波、红外感应实时识别人员进入并发出语音提示，告知现场存在的风险及注意事项，提醒作业人员紧绷安全生产弦，养成良好的安全作业习惯。

◎ **图片示例**

15 智能风速报警仪

◎ **名称**

智能风速报警仪

◎ **经验做法**

现场门式起重机应用智能风速报警仪,实时监测风的强度和方向,数据超限及时发出预警,提醒施工现场采取防范措施或停止作业,降低起重吊装作业风险。

◎ **图片示例**

第八部分 安全环保及文明施工

16 安全体验馆

◎ **名称**

安全体验馆

◎ **经验做法**

安全体验馆设置安全知识展示区,通过清晰的图文和多媒体演示等方式,呈现出各类安全标准以及项目施工常见安全风险与防范措施;设置模拟场景体验区(安全带洞口坠落体验、安全帽撞击体验、用电体验等区域),通过沉浸式体验,提升参建人员的安全意识和应急能力。

◎ **图片示例**

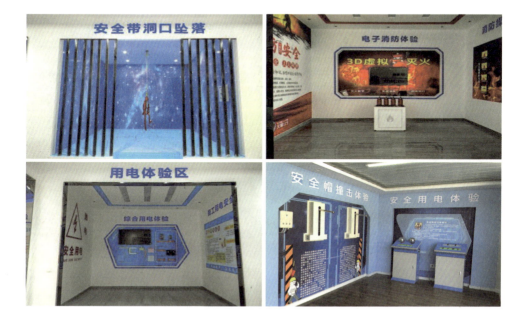

17 钢管桩围堰变形监测

◎ **名称**

钢管桩围堰变形监测

◎ **经验做法**

通过前端数据收集、传输、后台实时处理及远程控制技术,精确采集钢管桩顶部水平位移、沉降、建筑构件内应力等数据,实时分析处理,及时发出超限预警。

◎ **图片示例**

18　安全爬梯门禁系统

◎ **名称**

安全爬梯门禁系统

◎ **经验做法**

安全爬梯设置门禁系统，施工人员通过指纹识别进入，通过信息化管控措施，严格控制高处作业人员，杜绝无关人员随意进入，高处作业安全管理更加规范。

◎ **图片示例**

19 桩基孔口防护笆子

◎ **名称**

桩基孔口防护笆子

◎ **经验做法说明**

应用桩基孔口防护笆子对桩基孔口进行防护，有效避免人员及机具坠落桩孔的情况，降低了桩基施工现场安全风险，保障了施工人员生命财产不受损失，提高了施工安全系数。

◎ **图片示例**

20　桥面系施工电缆挂钩

◎ **名称**

桥面系施工电缆挂钩

◎ **经验做法**

为保障桥面系施工临时用电安全，提高现场临时用电标准化水平，通过设置电缆挂钩，将电缆线悬挂于护栏钢筋或临边护栏，防止桥面施工破坏电缆线而发生触电的情况，进一步规范了施工现场临时用电。

◎ **图片示例**

21 横隔板施工折叠式吊篮

◎ **名称**

横隔板施工折叠式吊篮

◎ **经验做法**

横隔板施工采用折叠式吊篮,吊篮一侧采用刚性的吊耳,另一侧采用柔性的吊耳,并设置顶紧装置以防空中摇晃,作业人员佩戴安全带+防坠器进行双重防护,保证了高处作业安全。

◎ **图片示例**

22　门式起重机遥控器密码箱

◎ **名称**

门式起重机遥控器密码箱

◎ **经验做法**

通过应用基于人脸识别技术的密码箱，严格管理门式起重机遥控器，操作人员通过人脸识别验证身份后方可取出遥控器，操作起重机，杜绝无关人员随意使用，提升了安全性和便捷性。

◎ **图片示例**

23　梁板运输防撞缓冲车

◎ **名称**

梁板运输防撞缓冲车

◎ **经验做法**

梁板运输过程中配备具有警示、防撞缓冲作用的专用车辆，防撞缓冲车紧跟运梁车，实时警示其他车辆注意避让，确保了梁板运输过程安全。

◎ **图片示例**

24 泥浆池双层防护防渗设施

◎ **名称**

泥浆池双层防护防渗设施

◎ **经验做法**

为满足施工环保和安全要求，泥浆池周围设置钢管及防护网双层防护，钢管高度不低于1.2m，立杆间距不大于1m，对钢管刷黄黑警示油漆，外面悬挂定型钢筋网片，悬挂安全警示标志牌，确保了施工安全。底部设置防渗薄膜，有效防止泥浆渗漏污染周围环境。

◎ **图片示例**

25 中央分隔带装配式安全通道

◎**名称**

中央分隔带装配式安全通道

◎**经验做法**

桥面系施工应用中央分隔带装配式安全通道，消除作业人员左右幅之间穿插行走的高处坠落隐患，提高了桥面系施工安全系数。

◎**图片示例**

26 墩柱施工安全爬梯

◎ **名称**

墩柱施工安全爬梯

◎ **经验做法**

墩柱施工采用标准爬梯,标准爬梯固定基础采用不低于 10cm 的混凝土进行硬化,确保了安全爬梯底部的平整。同时安全爬梯底部采用螺栓进行固定,上部采用揽风绳进行固定,能保证施工作业人员上下的安全。

◎ **图片示例**

27 塔式起重机智能监控系统

◎ **名称**

塔式起重机智能监控系统

◎ **经验做法**

应用物联网和 BIM 技术，为塔式起重机安装智慧大脑，直观呈现塔式起重机全方位运行状态，通过设置各种限位数据的阈值，实现预警和报警，并能对塔式起重机运行功效、运行时长、设备报警进行分析，打造可提前预警、多维度监测数据的塔式起重机智能监控系统。

◎ **图片示例**

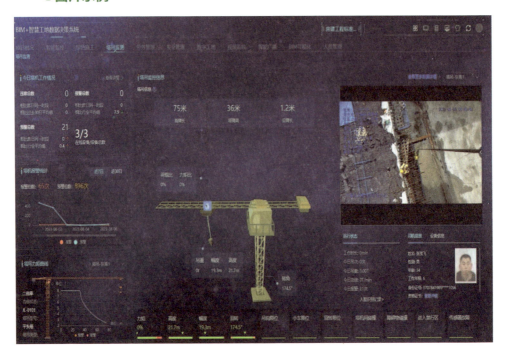

第八部分　安全环保及文明施工

28　安全积分超市

◎ **名称**

安全积分超市

◎ **经验做法**

施工班组人员安全防护用品穿戴到位、作业符合安全操作规程等行为可获得一定积分，反之则扣减一定积分。工人凭积分可到安全积分超市兑换相应商品；积分扣减至零时则退场处理。有效激励一线工人树立安全施工理念。

◎ **图片示例**

第九部分

质量安全信息化应用

本部分共收录质量安全信息化应用经验做法28个，分别为安全资料管理、安全风险库、安全风险分级管控系统、隐患排查治理管控系统、安全咨询管理系统、安全晨会管理系统、特种设备管理系统、隧道超前地质预报系统、隧道监控量测系统、隧道安全步距系统等。

工程质量数智化平台围绕"质量、安全"两个重点，紧盯"事前预防、事中控制、事后反馈"三个阶段，打造"采集上传、智能分析、实时预警＋趋势预判、在线处理＋管控措施"四环节闭合链条，落地"质量追溯中心、安全管控中心、智能建造中心、工程可视中心、经验交流中心"五大中心，实现数字化驱动的自动感知、自动判断、自主决策的"12345"创新管理模式。该平台荣获中国公路学会2023年度高速公路信息化最佳产品奖、山东省交通工程创新创业大赛三等奖、山东高速集团职工创新创效竞赛工程建设类一等奖、山东高速集团"金鉴杯"大赛银奖等奖项，入选全国交通运输行业（首批）产品质量监督管理典型案例。

在高速公路建设管理信息化水平不断提升的过程中，不断加强质量安全数据资源开发利用，不断加强人工智能的应用，不断加强质量安全业务管理场景的应用，不断加速由信息化向智慧决策的转型，助力数字交通建设、产业升级及数字经济发展。

01　安全资料管理

◎ **名称**

安全资料管理

◎ **经验做法**

项目参建单位将编制审核通过的安全体系文件上传到系统中，用以指导安全工作开展；在重大安全施工环节，各施工单位必须编制专项施工方案，上报监理审核通过后方可实施。本系统实现了参建各方关键环节主要安全资料的规范化和完整性管理，集中留存于系统，实现了体系文档"一张表"、技术文件规范化、安全文档资料数字化。

◎ **图片示例**

02 安全风险库

◎ **名称**

安全风险库

◎ **经验做法**

以《高速公路工程施工安全风险辨控手册》为基础，建立了线上安全风险库，各施工单位记录填报安全风险事件、事件后果、管控措施，不断丰富安全风险库，实现各施工单位实时在线查看引用、不断完善、循环应用的模式。

◎ **图片示例**

03 安全风险分级管控系统

◎ **名称**

安全风险分级管控系统

◎ **经验做法**

施工单位每季度对本合同段施工现场各作业单位进行安全风险动态辨识、更新，自动生成风险辨控清单、重大风险源清单等信息，保证风险分级管控清单的及时性和有效性，实现各项目各标段风险分级管控情况随时查看，指导现场安全工作。

◎ **图片示例**

04 隐患排查治理管控系统

◎ **名称**

隐患排查治理管控系统

◎ **经验做法**

利用"山东高速工管通"APP实现线上隐患排查治理及整改闭合管理工作。项目办、监理及施工单位现场拍照记录，发送给整改人员，整改人员整改后通过APP将整改后的照片上传给排查人员，排查人员审核通过后整改闭合，自动生成隐患排查治理台账，实现隐患排查治理有效管控。

◎ **图片示例**

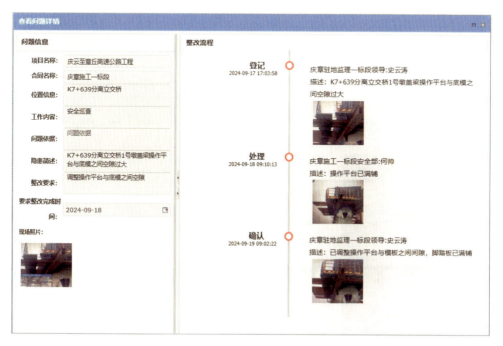

05 安全咨询管理系统

◎ 名称

安全咨询管理系统

◎ 经验做法

通过应用安全咨询管理系统,将发现的安全问题清单和整改建议及时在系统登记,指导施工单位及时整改问题,实现线上闭环管理。系统自动生成安全咨询问题闭合台账,有效提高项目各参建单位安全工作业务知识水平、安全问题的识别能力和判断能力。

◎ 图片示例

第九部分　**质量安全信息化应用**

06　安全晨会管理系统

◎ **名称**

安全晨会管理系统

◎ **经验做法**

为深入落实晨会制度有关要求，提高施工班组晨会召开质量，上线"安全晨会管理系统"，实现线上签到、内容实时记录、资料云端存储，动态掌握各施工班组晨会组织情况，切实保证安全晨会制度的落实。

◎ **图片示例**

07 特种设备管理系统

◎ **名称**

特种设备管理系统

◎ **经验做法**

应用特种设备管理系统，对重点特种设备运行维保情况进行定期巡视巡查和拍照记录，实时掌控设备的运行状态，同时完整记录特种设备和特种操作人员证照信息，形成"一机一档""一人一档"管理台账，保障人证合一、合规作业，切实提高特种设备使用的安全管控水平。

◎ **图片示例**

08 隧道超前地质预报系统

◎ **名称**

隧道超前地质预报系统

◎ **经验做法**

为进一步强化隧道施工安全风险管控，降低隧道施工阶段由不良地质引发的安全风险，针对超前地质预报监管痛点，应用隧道超前地质预报系统，实现检测数据可视化、检测频率预警、过程数据采集、检测报告上传等功能，进一步提高了隧道施工安全的监管水平。

◎ **图片示例**

09 隧道监控量测系统

◎ **名称**

隧道监控量测系统

◎ **经验做法**

为严格管理隧道施工过程中拱顶沉降和周边位移等重要指标，开发隧道监控量测系统，通过"山东高速工管通"APP连接全站仪实时获取原始观测数据，自动上传至平台，杜绝人为修改，保证了观测数据的真实和有效，指导隧道现场安全施工。该系统获中国公路建设行业协会微创新奖项。

◎ **图片示例**

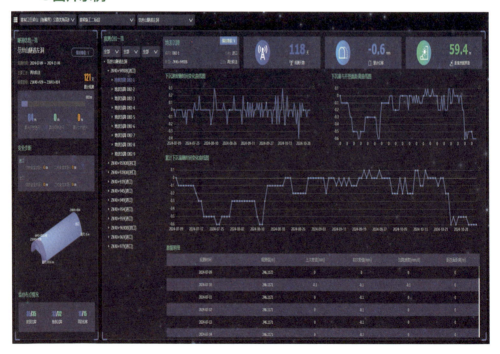

10 隧道安全步距系统

◎ **名称**

隧道安全步距系统

◎ **经验做法**

为进一步加强隧道施工步距管理，杜绝"步距超标"现象，结合隧道监控量测系统观测数据，记录施工桩号，自动分析安全步距，并实时与规范及专家论证确认的步距比对，超出步距限值则及时预警，避免超距施工造成安全事故。

◎ **图片示例**

11 安全环保费发票查验系统

◎ **名称**

安全环保费发票查验系统

◎ **经验做法**

为解决项目对安全生产、施工环保相关费用发票查验工作量大、无法实时查重等实际问题，利用发票查验系统，在线向国家税务总局联网验证发票真伪和费用明细，实现在线查验、自动识别，提高了发票查验工作效率，规范了安全生产费和施工环保费的计量支付。

◎ **图片示例**

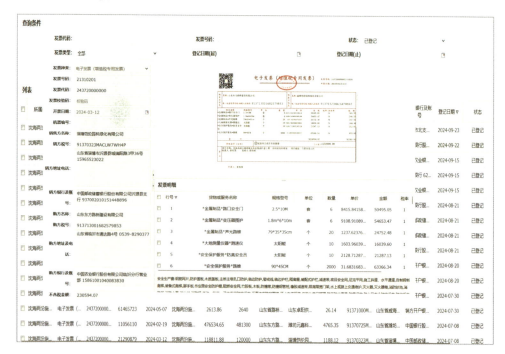

12 原材料管理系统

◎ **名称**

原材料管理系统

◎ **经验做法**

通过原材料管理系统，实现供应商信息、原材料信息在线录入、自检抽检、线上审批，形成"进场有记录、材料有试验、管理有审核、供应有评价"的线上管理链条，并建立涵盖水泥、木质纤维素、止水带、防水板、声测管、支座等12大类原材料的供应商供货信用记录档案。

◎ **图片示例**

13　试验质量管理系统

◎ **名称**

试验质量管理系统

◎ **经验做法**

实时采集并上传万能机、压力机、抗折抗压一体机、针入度、软化点、延伸度、稳定度、燃烧炉、标养室九类试验设备的数据。通过不合格试验的短信预警机制，有效强化了试验业务的管控力度，进一步提升了在建项目试验设备的智能化水平，确保在建项目智能化试验仪器装备率达到100%。

◎ **图片示例**

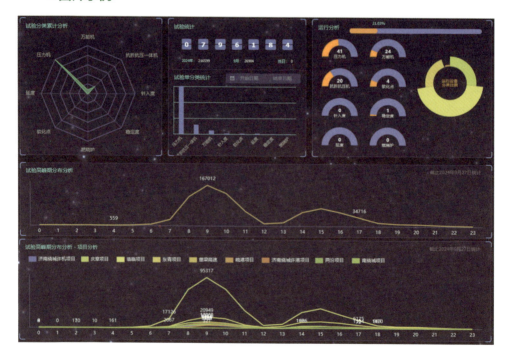

14　工地试验管理系统

◎ **名称**

工地试验管理系统

◎ **经验做法**

通过工地试验管理系统，实现试验过程影像自动留存、试验数据自动实时采集、试验报告及时规范出具、不合格试验在线预警处置的"四位一体"信息化管理，保证试验数据和试验报告的真实性、有效性和及时性。同时，本系统与平台内其他系统数据互联互通，可进一步挖掘试验数据深层使用价值。

◎ **图片示例**

15 拌和站生产质量管理系统

◎ **名称**

拌和站生产质量管理系统

◎ **经验做法**

通过物联网技术,将混凝土拌和站、水稳拌和站、沥青拌和站的生产数据实时采集并上传至平台,实现拌和站生产过程全监管、生产数据全记录、生产指标分级管控、计量误差自动短信预警、超标生产线上处置。加强了拌和站生产过程控制、提高了生产质量。

◎ **图片示例**

16 工序管理系统

◎**名称**

工序管理系统

◎**经验做法**

通过应用工序管理系统,将路基、路面、桥梁、隧道等分部分项工程的控制性要点、验收标准、关键人员等重要信息录入平台,结合"山东高速工管通"APP,应用人脸识别技术,完成在线工序上报、审批和影像资料收集,确保工序报验过程可追溯。

◎**图片示例**

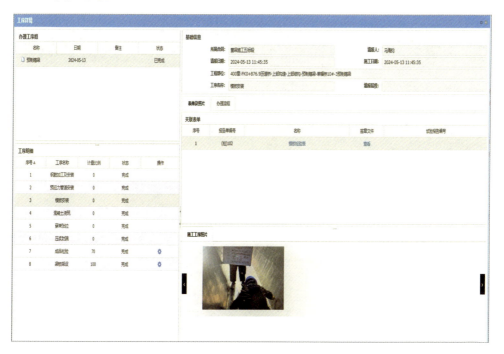

17 桩基检测管理系统

◎ **名称**

桩基检测管理系统

◎ **经验做法**

利用物联网技术，自主研发数据采集网关，实时采集现场原始数据，自动上传至平台，杜绝人为修改，保证观测数据真实有效，同时自动生成桩基检测对比台账，确保桩基"应检尽检"，辅助管理人员实时掌握桩基检测动态，有效加强桩基检测业务管理。该系统获得发明专利一项。

◎ **图片示例**

18　工程质量检测管理系统

◎ **名称**

工程质量检测管理系统

◎ **经验做法**

为解决工程质量检测结果线下填报耗时长、检测结果统计烦琐等管理难点，应用工程质量检测管理系统，通过线上发布检测大纲、线上填报检测结果的方式，完成下达、执行、上报等工作，利用大数据分析技术，实现上报数据多维度统计、分析和展现。提高了工作效率及数据的准确度，大大减轻数据统计工作量。

◎ **图片示例**

19 沥青路面质量管理系统

◎ **名称**

沥青路面质量管理系统

◎ **经验做法**

应用沥青路面质量管理系统，实时采集拌和站生产数据、试验室检测数据、摊铺压实设备运行轨迹、摊铺温度、压实遍数等关键指标数据，实现路面施工全过程实时无损监测、数据实时查看（反馈）、智能短信预警、动态溯源。该系统获得中国公路学会科学技术奖二等奖、中国公路建设行业协会科学技术进步奖三等奖、山东公路学会科学技术二等奖。

◎ **图片示例**

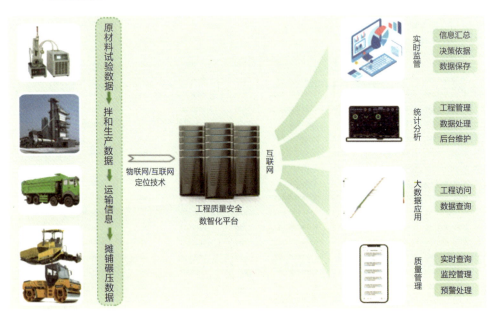

20　软基处理管理系统

◎ **名称**

软基处理管理系统

◎ **经验做法**

应用软基处理管理系统，实时采集浆喷桩、CFG（水泥粉煤灰碎石）桩施工过程中的桩长、成桩时间、施工工艺、材料用量等关键数据，计算机端和手机端同步实时查看，异常数据短信实时预警，减少人为因素影响，实现软基业务连续监测、动态监管的"扁平化"管理。该系统获得中国公路学会第三届微创新铜奖、中国公路建设行业协会微创新奖项。

◎ **图片示例**

21　智能张拉压浆管理系统

◎ **名称**

智能张拉压浆管理系统

◎ **经验做法**

为加强预制梁板生产过程中张拉、压浆环节的过程质量管控，应用智能张拉压浆管理系统，实现生产过程中张拉力、伸长量、压浆压力、浆量等关键数据实时采集和上传，减少人为因素影响，规范施工作业流程，提高预制梁板生产质量。

◎ **图片示例**

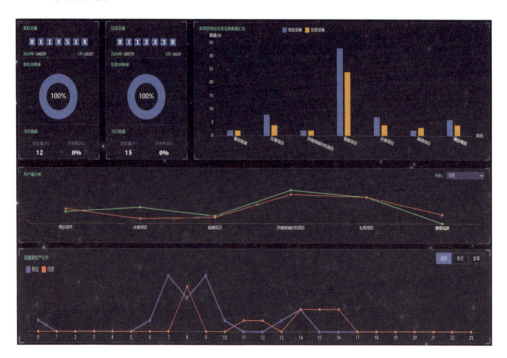

22　泡沫轻质土质量管理系统

◎ **名称**

泡沫轻质土质量管理系统

◎ **经验做法**

为加大拌和过程监管力度，开发泡沫轻质土质量管理系统，通过应用物联网技术，对泡沫轻质土拌和机加装数据采集设备，实时采集配比、水灰比、设计湿重度等关键指标数据，实现生产数据实时采集传输，保证泡沫轻质土拌和质量。

◎ **图片示例**

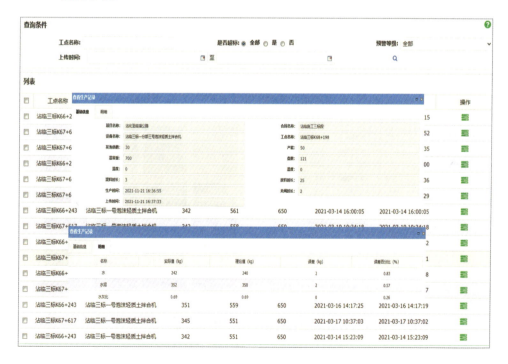

23　质量通病库

◎ **名称**

质量通病库

◎ **经验做法**

质量通病库总结工程建设过程中的质量通病案例，系统设立了 6 大工程部位和 1 个原材料类别，将公路工程项目常见的各类问题通过表现形式、形成原因、防治措施三项内容完整展现出来，辅以直观的照片。在建项目学习已有质量通病问题的同时，不断积累完善质量通病库，循环更新应用。

◎ **图片示例**

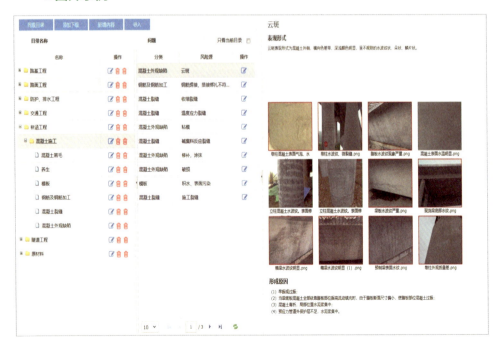

第九部分　**质量安全信息化应用**

24　质量资料管理系统

◎ **名称**

质量资料管理系统

◎ **经验做法**

为加强项目质量资料管理，应用信息化手段结合实际业务管理流程，搭建质量资料管理系统，将参建单位的质量体系文件和项目技术文件及时上传到平台，为项目质量管理提供完整制度和技术方案，指导项目质量管理和质量管控。

◎ **图片示例**

25 视频监控智能分析系统

◎ **名称**

视频监控智能分析系统

◎ **经验做法**

实施工地试验室、场站、重点施工部位视频监控全覆盖，将监控视频统一接入平台，通过电脑和手机端可以实时查看项目施工现场情况，通过自动人脸识别、安全帽监测、区域入侵识别等功能发现不规范行为，记录安全违规事件，并通过语音播报进行警示。

◎ **图片示例**

第九部分　质量安全信息化应用

26　航拍视频管理系统

◎ **名称**

航拍视频管理系统

◎ **经验做法**

为了对项目施工现场整体进展有直观了解，实现项目整体施工过程可视化监管，应用无人机航拍技术，各项目施工单位每半个月航拍一次各标段整体现场视频，上传到平台，实现工程建设整体进展可视化，直观把控项目整体施工进度。

◎ **图片示例**

27 知识在线系统

◎ **名称**

知识在线系统

◎ **经验做法**

创建集中式业务资料存储库,依据业务类型分类存储,收录法律法规、标准规范、典型事故案例、施工安全视频教程等内容,并随着新技术、新材料、新工艺、新设备的迭代应用不断更新,方便各级单位线上学习,提高业务水平。

◎ **图片示例**

28 投诉管理系统

◎ **名称**

投诉管理系统

◎ **经验做法**

开通"举报投诉监管"APP，畅通诉求渠道，实现"码上"投诉。系统接收到诉求信息后，以短信形式通知项目办负责人，项目办负责人根据诉求情况及时处理，处理过程和结果在系统中记录。电话回复诉求者，若诉求者无异议，则诉求闭合解决，将矛盾化解在一线。

◎ **图片示例**